本报告中使用的名称和资料表述并不意味着联合国工业发展组织（UNIDO）秘书处就任何国家、领土、城市、地区或其当局的法律地位、边界划定、经济体制或发展程度表达任何意见。诸如"发达"、"工业化"和"发展中"之类的表述，旨在为统计提供方便，不一定是对特定国家或地区在发展过程中已达到阶段的判断。报告中提及的企业名称或商业产品，并不代表联合国工业发展组织对这些企业或产品的支持和认可。

本报告的编写，得到了中国政府的财政支持；但内容不一定反映中国政府的观点。

全球价值链与工业发展

来自中国、东南亚和南亚的经验

GLOBAL VALUE CHAINS AND INDUSTRIAL DEVELOPMENT

Lessons from China,
South-East and South Asia

对外经济贸易大学、联合国工业发展组织 **主编**

赵静 **译**

社会科学文献出版社
SOCIAL SCIENCES ACADEMIC PRESS (CHINA)

序 一

将生产过程重组为由不同国家的企业完成的垂直专业化阶段已成为全球经济的一个典型特征。国际生产、贸易和投资与全球价值链（GVCs）的联系越来越紧密。全球价值链使工业化在某些方面变得更容易，而在其他方面则更具挑战性。各国可以通过生产中间产品或在特定生产阶段开展某些特定活动来实现工业化，而不必拥有生产和出口最终产品所需的所有行业。但是，参与全球价值链的技术要求比以往任何时候都要高。与此同时，如果某些国家总是局限于全球价值链中的低附加值活动，那么从长远来看，其工业化进程令人担忧。全球价值链的兴起对联合国工业发展组织支持发展中国家的包容和可持续工业发展（ISID）产生了巨大影响。

联合国工业发展组织始终对全球价值链和发展采取整体分析法，强调与不同利益相关方的合作、实践经验的重要性，以及研究和政策建议的技术严谨性。本报告以联合国工业发展组织及其合作伙伴过去的工作为基础，通过关注亚洲参与全球价值链和区域价值链的演变，提供一些转变政策思路的见解，开辟新的方向。

报告显示，亚洲已成为除北美洲和欧洲以外重要的制造业参与者。过去二十年来，亚洲对全球价值链的融入，在后向产业关联方面更为突出，这反映了亚洲在生产装配阶段的作用日益扩大。全球价值链的参与过程和参与结果在国家和行业层面有很大差异。利用中国、印度和东南亚的案例研究及企业调查数据进行的微观分析表明，参与全球价值链并不仅仅能塑造工业竞争力；同时，报告强调，反向因果关系同样成立，各国的工业竞争力必须达到特定门槛才能参与全球价值链。此外，各国和各行业的不同政策特征可以解释后续发展轨迹和结果的差异。总之，本报告的见解为两阶段的政策路径提供了基础。首先，应提高工业竞争力，使参与全球价值链成为可能；其次，继续关注工业竞争力，以不断提升参与全球价值链的规模和质量。

本报告是联合国工业发展组织（UNIDO）和对外经济贸易大学（UIBE）共同努力的结果，也是联合国工业发展组织通过全球价值链支持"包容和可持续工业发展"长期承诺的一部分。

我相信本报告的研究结果将激发成员国和机构合作伙伴之间的讨论，并促进合作，以实现我们的共同目标，特别是《2030年可持续发展议程》的目标九。

联合国工业发展组织

总干事

序 二

在以资源禀赋异质性为特征的世界中，劳动和资本分工的专业化在市场经济中发挥重要作用。亚当·斯密（Adam Smith）曾用制针的例子来强调专业化在生产过程中的作用。当今世界经济的一个突出特征是生产和贸易的全球化，其创造了我们所称的"全球价值链"（GVCs）。也就是说，生产过程分为不同阶段，分别位于世界不同地区。也有很多其他术语用来描述这种现象，包括生产分割、细分化、分散化、分解、分拆、外包等。

虽然人们普遍认为，东北亚、东南亚以及南亚国家（某种程度上），特别是中国，是参与全球价值链及其对工业发展和经济增长贡献的主要受益者，但仍然缺乏这方面的有力经验证据。更重要的是，参与全球价值链如何使这些国家受益，从宏观和微观层面得到怎样的经验教训，以及对发展中国家有何政策启示等问题，大多不能在现有文献中找到答案。

对外经济贸易大学（UIBE）与联合国工业发展组织（UNIDO）合作开展这项研究，是向了解这些重大发展问题迈出的一小步。对外经济贸易大学长期从事全球价值链研究，并处在与国际贸易和经济增长相关的全球价值链现象的研究前沿。实际上，对外经济贸易大学于2015年建立了世界第一所全球价值链研究院（RIGVC），专门研究经济学和统计学领域的全球价值链问题。其目标是研发一个全面的全球价值链框架，以整合多个学科的研究，包括管理学、经济理论、统计方法、地理学、社会学和其他社会科学，进而提供跨学科的政策研究，特别是与国际贸易谈判、工业结构变化和升级以及企业战略决策有关的研究。本报告可以被视为我们沿此方向不懈努力的一个缩影。我们特别感谢中国商务部给予的财政支持。

本报告阐述了联合国工业发展组织及其伙伴机构（包括 RIGVC）的研究人员对全球价值链近期发展的研究结论，以促进人们进一步了解全球价值链对国际生产和收入分配的贡献，特别是亚洲的情况。报告还提供了丰富的信息和重要的政策建议。例如，我们发现了推动全球价值链参与的因素，以及产业成功升级的途径。在此基础上，根据经验和证据提出政策建议，与全世界分享。

尽管报告的发布令人兴奋，但我们也清楚地意识到全球价值链正在发生巨变，尤其是在中国企业全球范围内快速扩张，以及中国对发展中国家的外商直接投资不断增加的背景下。世界上一些主要经济体的对外政策转变，导致全球制度和治理体系正面临挑战。我们将继续研究并积极应对世界经济秩序的这些重大变化。我希望读者能够从这份报告中获益，并认识到各国将利用全球价值链产生的许多重大机遇来推动经济繁荣。

赵忠秀教授、博士
山东财经大学校长
对外经济贸易大学原副校长
全球价值链研究院创始院长

致 谢

本报告是在联合国工业发展组织政策研究统计司司长 Cecilia Ugaz Estrada 和山东财经大学校长、对外经济贸易大学原副校长、全球价值链研究院创始院长赵忠秀的指导下，由联合国工业发展组织研究人员 Alejandro Lavopa、Nobuya Haraguchi 和 Adnan Seric 与阿德莱德大学教授 Richard Pomfret 合作编写的。本报告作者得到了联合国工业发展组织出色的研究团队的支持，包括 Alessandra Celani de Macedo 和 Yee Siong Tong。

本报告根据一系列背景论文和以下专家提供的意见编写：哥本哈根商学院的 Aradhna Aggarwal，巴里大学的 Nicola Coniglio，杜克大学的 Stacey Frederick 和 Gary Gereffi，诺丁汉大学的 Sourafel Girma，乌得勒支大学的 Jacob Jordaan 和 Dea Tusha，印度古鲁大学的 Pradhumna Kaushik，世界贸易组织的 Victor Kummritz 和 Rainer Lanz，剑桥大学的 Vasiliki Mavroeidi，日本贸易振兴机构亚洲经济研究所的 Bo Meng，维也纳经济大学的 Birgit Meyer，对外经济贸易大学的戚依南、杨军、余心玎和赵静，基尔世界经济研究所的 Frauke Steglich，维也纳国际经济研究所的 Roman Stöllinger，联合国大学－马斯特里赫特创新与技术经济社会研究所的 Jennifer Taborda，约翰·霍普金斯大学的 Heiwai Tang，复旦大学的汤维祺，以及越南中央经济管理研究院的 Tran Thang。

报告中介绍和阐述的许多概念是在三场研讨会上确定的，其中两场分别于 2016 年 4 月和 2017 年 7 月在联合国工业发展组织维也纳总部举行，另一场于 2016 年 12 月在位于北京的对外经济贸易大学举行。在这些研讨会上，联合国大学－马斯特里赫特创新与技术经济社会研究所的 Juan Carlos Castillo、基尔世界经济研究所的 Holger Görg、日本贸易振兴机构亚洲经济研究所的 Jiyoung Kim、哥本哈根商学院的 Ari Kokko、对外经济贸易大学的李小萌和王直、非洲开发银行的 Célestin Monga，以及奥地利发展研究基金会的 Cornelia Staritz 提出了独到见解。联合国工业发展组织的工作人员也提出了宝贵意见，包括 Manuel Albaladejo、Ludovico Alcorta、Nicola Cantore、Charles Cheng、Xiao Cheng、Michele Clara、Giuseppe De Simone、Smeeta Fokeer、Dong Guo、Fatou Haidara、Frank Hartwich、Adot Killmeyer-Oleche、Jaime Moll de Alba、Fernando Santiago、Shyam Upadhyaya 和 Zhen Wang。

联合国工业发展组织的 Steffen Kaeser 和基尔世界经济研究所的 Wan-Hsin Liu 提出的建设性意见使报告进一步完善，他们全面审阅了报告的初稿，并修改了其中的部分章节。

联合国工业发展组织的工作人员 Niki Rodousakis 为定稿出版提供了编辑协助。联合国工业发展组织的 Iguaraya Saavedra 提供了行政方面的支持。

我们特别感谢中国政府慷慨的财政资助。

缩略语

3Cs	计算机、消费电子产品、通信与网络
ASEAN	东南亚国家联盟（简称"东盟"）
CBDR	共同但有区别的责任原则（关于气候变化）
CIP	联合国工业发展组织（UNIDO）的工业竞争力指数
CO_2	二氧化碳
CSR	企业社会责任
CPTPP	《全面与进步跨太平洋伙伴关系协定》
EMS	电子制造服务
EU	欧洲联盟（简称"欧盟"）
FDI	外商直接投资
FTA	自由贸易区
GDP	国内生产总值
Gt	十亿吨，相当于十亿公吨或一万亿千克
GVC	全球价值链
ICT	信息与通信技术
I-O table	投入产出表
ISO	国际标准化组织
ITA	《信息技术协议》（WTO）
ITU	国际电信联盟
MFA	《多种纤维协定》
OECD	经济合作与发展组织（简称"经合组织"）
OECD ICIO	经合组织国家间投入产出表
OEM	原始设备制造商

PV	光伏电池
RCEP	《区域全面经济伙伴关系协定》
RVC	区域价值链
TFP	全要素生产率
TiVA	增加值贸易
TPP	《跨太平洋伙伴关系协定》(被不含美国的CPTPP取代)
UAE	阿拉伯联合酋长国(简称"阿联酋")
UIBE	对外经济贸易大学(北京)
VLSI	超大规模集成电路
WIOD	世界投入产出数据库
WTO	世界贸易组织(简称"世贸组织")

前 言

全球价值链上的生产分割已被公认为 21 世纪全球经济的一个重要特征，其中心位于亚洲。然而，有关全球价值链的研究，对定义和测量缺乏共识。随着整合的投入产出数据的可获得性增加，以及测量全球价值链参与度的适当指标的开发，研究人员能够更深入地研究全球价值链的参与和升级的实证规律；结合企业调查和案例研究的结果，描绘全球价值链在亚洲的地理分布，并识别成功参与全球价值链和区域价值链及在价值链上升级的决定性因素。本报告汇集了联合国工业发展组织（UNIDO）和对外经济贸易大学（UIBE）合作研究项目的一系列研究成果。

第一部分以宏观视角，利用相关的投入产出表刻画了亚洲地区长期以来在全球价值链中的参与度。同时，在宏观层面，进一步分析了与成功融入全球价值链相关的因素、参与全球价值链对经济发展的影响、参与全球价值链是否导致结构变化，以及全球价值链带来的排放变化对环境的影响。第二部分以企业调查与案例研究的方式，对中国、印度和越南个别企业参与全球价值链的情况进行了分析，以深入理解成功参与和升级的驱动因素与结果。为了加深在企业层面的理解，报告重点关注服装和电子行业，这些行业一直是亚洲参与全球价值链的基础。

本报告要解决的关键问题是参与全球价值链的决定性因素，以及沿全球价值链成功升级的驱动因素。第三部分介绍了这些问题的主要结论，以及从中得到的政策启示。

背景论文在报告的最后列出。尽管报告还借鉴了更多关于全球价值链的文献，但我们一般不会再将背景论文中的所有参考文献重复列出。

目 录
CONTENTS

概要   001

第一部分   宏观视角

第 1 章   引言   011

1.1 全球价值链有多重要?   012
1.2 宏观分析的挑战   013
1.3 全球价值链分析的宏观指标   016
1.4 价值链参与的描述性统计   018
1.5 亚洲工厂内部   022
1.6 宏观分析的使用   024

第 2 章   全球价值链参与的决定因素   025

2.1 全球价值链参与的贸易相关决定因素   027
2.2 基础设施和制度   028
2.3 技能与工业能力   029
2.4 哪些因素解释了价值链的区域性?   031
2.5 区域贸易协定的作用   032
2.6 结论   034

第 3 章 全球价值链参与的结果　　037

    3.1 全球价值链参与和经济绩效　　037

    3.2 全球价值链参与和结构变化　　038

    3.3 全球价值链与环境　　044

    3.4 结论　　045

第二部分　企业视角的全球价值链参与和升级

第 4 章 全球价值链参与和结果的国家异质性　　049

    4.1 中国、印度和越南的企业数据集　　050

    4.2 中国　　053

    4.3 印度　　055

    4.4 越南　　056

    4.5 结论　　057

第 5 章 全球价值链参与和结果的行业异质性　　059

    5.1 服装业全球价值链　　059

    5.2 电子行业全球价值链　　062

    5.3 中国的服装和电子行业全球价值链　　066

    5.4 印度的服装和电子行业全球价值链　　072

    5.5 越南的服装和电子行业全球价值链　　078

    5.6 结论　　083

第 6 章 全球价值链参与的决定因素：企业层面的证据　　085

    6.1 贸易相关的决定因素、要素禀赋和成本　　086

    6.2 基础设施和制度　　087

    6.3 技能、工业能力和所有制　　088

    6.4 地理位置决定因素及其对贸易格局的影响　　089

第 7 章　全球价值链参与的结果：企业层面的证据　　093

　　7.1　产量、就业、工资和生产率　　093

　　7.2　技术转移和生产率　　095

　　7.3　企业社会责任　　097

第三部分　结论与政策启示

第 8 章　结论与政策启示　　101

　　8.1　政策启示　　102

　　8.2　参与全球价值链的最基本条件　　105

　　8.3　支持全球价值链参与的政策　　106

　　8.4　支持在全球价值链内升级的政策　　114

　　8.5　结论与未来发展　　118

附录　案例研究

　　案例研究 1　中国创捷供应链有限公司（SJET Supply Chain Co.）　　123

　　案例研究 2　中国红领集团（Red Collar）　　125

　　案例研究 3　印度戈卡尔达斯出口有限公司（Gokaldas Exports Ltd.）　　127

　　案例研究 4　印度摩索贝尔有限公司（Moser Baer India Ltd.）　　128

　　案例研究 5　印度 Hical 科技有限公司（Hical Technologies）　　131

　　案例研究 6　三星电子越南有限公司（SEV）　　134

参考文献　　137

背景论文　　147

跋　　149

概要

21世纪全球经济的一个显著特征是生产过程沿全球价值链（GVCs）的分割。这主要是制造业的一个特征，也是工业产能国际合作的重要因素。尽管被称为"全球"，但这些价值链通常是区域性的，三个主要中心分别在北美、欧洲和东亚。其中，东亚见证了最显著的全球价值链发展，由此产生了"亚洲工厂"的概念。

全球价值链研究的一个特点是对定义和测量缺乏共识。2015年12月，联合国工业发展组织的《全球价值链和发展报告》（*Global Value Chains and Development*）解决了这些问题，但也得出结论："全球价值链具有异质性，需要进行更深入的分类分析才能加深理解。"

整合的投入产出数据的可获得性增加，以及测量全球价值链参与度的适当指标的开发，使研究人员能够更深入地研究全球价值链的参与和升级的实证规律；结合企业调查和案例研究，描绘全球价值链的地理分布，并确定成功参与全球价值链和区域价值链及在价值链上升级的决定性因素。本报告汇集了联合国工业发展组织和对外经济贸易大学联合研究项目的一系列研究成果，重点分析了亚洲经济体对全球工业生产分割的参与。

第一部分以宏观视角，利用相关的投入产出表刻画了亚洲地区长期以来在价值链中的参与度。在宏观层面，进一步分析并确定了与成功融入全球价值链相关的因素、参与全球价值链对经济发展的影响、参与全球价值链是否导致结构变化，以及全球价值链通过排放变化对环境的影响。虽然贸易自由化和运输成本降低是全球价值链生产分割的先决条件，但宏观分析显示，各国和各行业的情况存在巨大差异，基础设施、制度，以及工业能力和技能，都会影响全球价值链的参与。

第二部分采用企业调查和案例研究的方式，对中国、印度和越南个别企业参与全球价值链的情况进行了分析，以更好地理解成功参与和升级的驱动因素与结果。为了加深在企业层面的理解，报告重点关注服装和电子行业，这些行业一直是亚洲全球价值链的核心。虽然一些证据表明，投资激励和建立经济特区可能会鼓励全球价值链的参与，但外商投资的作用因国家而异，投资决策更多地依赖良好的基础设施、廉价且熟练的劳动力和其他决定因素。反复得到验证的一个研究发现是：虽然参与全球价值链可以提高工业竞争力，但存在较强的反向因果关系；已经存在具有竞争力的工业部门可能是参与全球价值链的先决条件。微观数据还凸显了全球价值链的异质性以及全球价值链参与模式的异质性。

从异质性的研究结果中得出的主要政策结论是，全球价值链为提高制造能力提供了更多机会。同时，决策者不能假设参与全球价值链会自动带来这种结构性变化。结果取决于国家在全球价值链上和产品质量领域的具体地位。必须建立良好的政策环境，这有利于获取技能，或有利于全球价值链内部或外部经济发展的其他特征。总之，参与全球价值链有助于经济发展，但不是成功的捷径，全球价值链升级发生在有利于发展的环境中，而不是独立于这样的环境。

对决策者而言，重要的是不要将参与全球价值链或全球价值链升级视为不惜一切代价来实现的目标。一个均衡的评估应该权衡利弊。龙头企业可能试图将环境标准更宽松的国家吸引到全球价值链中，将其作为污染密集型活动的供应商。这可以促进经济增长和制造业就业，但同时也使东道国进一步远离可持续发展目标。

哪些因素推动了全球价值链参与？

全球价值链现象与贸易和投资自由化以及国际贸易成本降低密切相关。然而，还有很多因素可能影响一个国家参与全球价值链的前景，包括基础设施、融资的可获得性、熟练劳动力以及更为重要的制造业竞争力。参与全球价值链不是自动进行的，而是必须存在最基本的条件，这些因素甚至可能影响升级的轨迹。

贸易自由化发挥作用。顾名思义，全球价值链是跨境运营的，因此依赖贸易作为整合分散活动的工具。贸易自由化通过放宽关税和非关税贸易壁垒，使货物的国际流动更容易、成本更低、速度更快。多边和双边协议进一步降低了贸易壁垒，促进了全球价值链参与。随着关税水平的下降，人们越来越关注贸易便利化和边境后贸易壁垒。在已经很大程度上实现自由化的贸易环境中，本土制造业竞争力和劳动者技能水平等因素，对国家融入全球价值链的影响越来越大。

大地理环境至关重要。一个国家/地区如果邻近经济中心，那么更有可能融入围绕该中心运营的全球价值链。邻近性使得运输成本降低、交付速度加快，而共同族群网络和共有规范制度的存在能增进信任，并降低交易成本。以"雁行模式"为代表的亚洲融入全球价值链的案例，体现的是出口导向型工业活动从亚洲较发达国家/地区向邻近的经济欠发达国家/地区的流动；韩国和中国台湾参与了日本的全球价值链，中国大陆依赖与中国香港的联系，而新加坡最初是马来西亚和印度尼西亚的价值链中心。价值链通常是区域性而非全球性的。本报告的一些研究发现，印度和越南在以东南亚和中国为终点的全球价值链中的参与度日渐提高。区域和双边贸易及投资协定可成为减少贸易相关成本，进而促进全球价值链参与的重要工具。

小地理环境同样重要。一国内部，工业特区可通过提供比该国其他地区更加自由的制度环境，创造集群效应，来吸引全球价值链。在区域内投资设厂，可以改善对专用基础设施、训练有素的劳动力和其他共享资源（如技术研究机构或环境基础设施）的利用，还有利于参与正式和非正式的知识交流。中国在创建特区、吸引外企方面取得了一些成功，越南近年来也是如此。然而，对越南开展的背景研究显示，工业特区内的企业往往与国内企业产生较少的后向关联，说明虽然工业特区可能有效地吸引了投资，但仍要格外重视提高国内企业在特区内的参与度，或改善区内和区外企业之间的联系。

不应高估投资激励。全球价值链的出现和扩张，与美国、日本、欧洲的龙头企业，以及近年来源自中国等新兴国家的工业活动的离岸外包有关。为吸引这些活动，一些低收入国家，主要是东亚、东南亚和中美洲国家，推行慷慨的投资激励措施，包括但不限于降低所得税、减少或取消进口关税、为特区内的公用事业费和土地成本提供补助。尽管中国和越南的案例研究证据广泛支持"投资激励与融入全球价值链呈正相关"的预期，但使用宏观数据进行的跨国计量分析并不支持这一假设。这可能是因为外国投资者在全球价值链中的重要性因国家而异（如在越南较高、在印度较低），或者因为外商投资不仅与一揽子政策有关，还与廉价且熟练的劳动力供给、可靠的基础设施和其他因素有关。一般而言，决定全球价值链参与的，并不是单一的因素，而是各种各样的条件。

提高制造业竞争力居首位。参与全球价值链可以通过技术转让和其他学习形式提高工业竞争力，但也存在反向的因果关系，即发展一个具有竞争力的行业可能是成功参与全球价值链的先决条件。后一种机制与全球价值链理论是一致的。根据全球价值链理论，供应商的成本和能力是推动龙头企业外包或离岸生产的一个因素。国内企业缺乏竞争力可能阻碍其融入全球价值链。在越南，当地企业在全球价值链中的参与度较低，因为外资企业找不到符合其质量要求的当地供应商，外资企业之间的生产联系比外资企业和当地企业之间的生产联系更紧密。也就是说，尽管全球价值链内部联系的发展可能与升级更相关，但首先需要一些工业能力来建立联系。

参与全球价值链需要投资，投资需要融资。融入全球价值链需要建立生产设施，升级需要对有形资产（资本设备、技术许可）和无形资产（受过良好教育的员工、培训、干中学）进行投资。通过使融资变得更容易，金融发展可以提高企业参与价值链和沿价值链升级的能力。

哪些因素推动了成功升级？

如果成功参与全球价值链取决于某些基本条件，包括制造能力的发展，那么成功的升级则更多地取决于广泛的支持体系。背景研究传递的一个重要信息是，确保全球价值链参与并不足以保证升级，这取决于企业和整体经济的吸收能力。

融入价值链不会自动促成升级。在全球价值链背景下,企业之间生产联系的发展可以成为重要的知识来源,从而推动成功升级。虽然这是全球价值链的一个重要特征,应该利用它来促进结构转型,但本报告的研究表明,这些好处不是自动产生的,而且在亚洲内部也有很大差异。参与全球价值链对结构转型的积极影响很小;对于参与出口生产的高质量环节的国家来说,好处更大。参与全球价值链的收益可能有很大差异,这反映在各国参与全球价值链之后的不同发展轨迹上;随着时间的推移,在本报告涵盖的国家中,只有少数几个国家(尤其是中国)在扩大国内增加值方面取得了相当大的进展。

融入价值链有高端路线和低端路线之分。培养技能和投资研发是全球价值链升级的重要驱动因素,但结果因全球价值链参与的性质而异。技能水平对前向参与很重要,因为需要生产更先进的产品以用于其他国家的出口,但对于像装配工作之类的后向参与,技能水平并不重要。一个国家可以通过增加装配工作来扩大其在全球价值链中的总增加值,这种工作依赖低技能和不断削减成本,其代价可能是不重视基本的劳工权利和工作条件,以及规避环境法规。另一种策略是通过技能的形成和创新提高生产率,进而从生产中获取更多的增加值。它们分别代表融入全球价值链的"低端路线"和"高端路线"。通过在提升技能方面的连续性投资,高端路线提供了可持续的升级途径。

不同的价值链有不同的增长潜力。亚洲经济体参与的全球价值链在规模、组织、国际化程度和增长率方面存在巨大差异。此外,不同行业的技术变革也不同,这为供应商带来了各种机遇和挑战。与技术发展缓慢的价值链(如纺织品的价值链)相比,在以技术更新较快为特征的全球价值链(如手机的价值链)中,升级和赶超可能更难。[1] 换句话说,存在实质性差异。以越南、中国和印度为例,规模小但不断增长的全球价值链产业和新兴的全球价值链产业,为扩大这些国家的增加值提供了最好的机会。

---

1 Lee(2013)认为技术变革周期短的行业为后来者的技术赶超提供了更多机会。然而,在全球价值链中运营的发展中国家的企业是否也如此,还需进一步研究才能确认。

全球价值链参与必须具有社会和环境可持续性

不惜一切代价促进产业升级，可能会偏离包容与可持续工业发展的目标。融入全球价值链可以增加正规部门的就业机会，这有利于社会升级。例如，在越南，跨国公司的子公司为低技能的女工创造了更多的正式工作岗位，这有助于缩小低技能工人的性别差距。由于全球价值链涉及生产跨国分割，而且不同的国家有不同的环境标准，贸易和生产的新结构可能会影响总体排放量；一些国家及其中间投入品供应商的环境管制较弱，从而会对排放相关的贸易产生影响。考虑到对全球气候变化和环境资源的影响，各国应当避免通过扩大污染严重的生产活动来融入全球价值链。但是，正如中国的情况所示，监管形势可以迅速调整。

循证政策有助于全球价值链的参与和升级

全球价值链现象并没有推翻有关工业发展的观点，而是为工业发展提供了便利的切入点，因为生产者只需要专注于一项任务，而不必同步打造生产过程各环节（从原料采购到最终产品销售）的能力。人力资本、基础设施和宏观经济的稳定，仍然是发展的重要前提。

公共政策可以促进一个国家的生产者进入全球价值链。降低正式和非正式的贸易壁垒、在边境或港口建立完善的运输基础设施，以及简化和减少国内管制，可以促进贸易发展。建立有可靠公共设施和运输条件的工业园区（最好是环保型），并根据具体情况，建立免征关税和其他税费、简化监管环节的经济特区，可以为全球价值链参与者选址创造有利条件。

引导全球价值链投资的政策工具可能有用，但相对于"没有全球价值链的世界"，这些工具在"有全球价值链的世界"里更重要，实施时需要特别谨慎。经验证据强调了全球价值链成功案例的异质性，不同国家和不同行业，甚至行业内的不同企业之间，都存在异质性。决策者应该认识到提供稳定平台的好处（如提供工业园区），认识到同时支持高效和低效生产者的风险（如实施全行业补贴），还应意识到政策的间接影响（例如，本地含量规则可能鼓励全球价值链内的升级和积极的跨行业联系，但也可以保护低效的投入品供应商，并降低投入品用户的竞争力）。

相关证据普遍证实了参与全球价值链对创造就业和增加收入的影响。在低收入国家，随之而来的增长往往具有包容性，不仅减少了贫困，还提高了工作场所的性别均衡。应该避开某些陷阱，例如，在走低端融入路线时，应当避免长期陷入低附加值活动，或者充当全球价值链中"污染避难所"的角色。本报告的实证研究表明，精明的决策者、思想开明的管理者和企业家，以及反应迅速的劳动者，有助于避开陷阱，获得收益。

第一部分

宏观视角

全球价值链与工业发展
来自中国、东南亚和南亚的经验

第 1 章　引言　　　　　　　　　　　　　　011

1.1　全球价值链有多重要?　　　　　　　　012
1.2　宏观分析的挑战　　　　　　　　　　　013
1.3　全球价值链分析的宏观指标　　　　　　016
1.4　价值链参与的描述性统计　　　　　　　018
1.5　亚洲工厂内部　　　　　　　　　　　　022
1.6　宏观分析的使用　　　　　　　　　　　024

第 2 章　全球价值链参与的决定因素　　　025

2.1　全球价值链参与的贸易相关决定因素　　027
2.2　基础设施和制度　　　　　　　　　　　028
2.3　技能与工业能力　　　　　　　　　　　029
2.4　哪些因素解释了价值链的区域性?　　　031
2.5　区域贸易协定的作用　　　　　　　　　032
2.6　结论　　　　　　　　　　　　　　　　034

第 3 章　全球价值链参与的结果　　　　　037

3.1　全球价值链参与和经济绩效　　　　　　037
3.2　全球价值链参与和结构变化　　　　　　038
3.3　全球价值链与环境　　　　　　　　　　044
3.4　结论　　　　　　　　　　　　　　　　045

第 1 章

引言

在第一次工业革命之后的全球化时期,生产与消费之间的联系被拆分。现代制成品的生产集中在高收入国家的集成式工厂,货物在全世界范围内进行交易。在 20 世纪的最后几十年,随着生产过程本身被拆分,全球化的一个新趋势,即跨越国界的生产分割开始出现(Baldwin,2017)。

合作跨境生产的初步迹象包括:1965 年在北美签署了《美加汽车贸易协定》(Autopact);福特汽车公司于 1973 年 6 月在西班牙建厂,使用来自欧洲各地的组件组装福特嘉年华车型;以及仙童半导体公司(Fairchild),即后来的美国国家半导体公司,于 1968 年决定将半导体生产的装配工序迁至新加坡。跨国企业和国际采购公司也利用工资和其他成本差异从东亚新工业化经济体采购物资,为高收入国家的百货商店和其他零售商供货。在 20 世纪 80~90 年代,中国香港和新加坡的生产商面临工资和租金上涨,开始将部分生产流程转移到珠江三角洲或新柔廖(新加坡—柔佛—廖内)成长三角区工资较低的城镇。随着日元在 1985 年之后迅速升值,日本汽车制造商通过将装配业务转移到海外(最初迁至泰国)来抵消竞争力的下降。

到了 20 世纪 90 年代,人们开始认识到生产分割无处不在。在北美,生产分割在北美自由贸易区的框架内制度化。在欧洲,柏林墙的倒塌,以及成本结构不同于欧盟西欧成员国的东欧国家加入欧盟,加快了生产分割进程。亚洲的此类进程是自下而上式的,在世纪之交后,通过贸易协定得到进一步加强。此进程在亚洲的发展速度最快。

1.1 全球价值链有多重要?

生产的分拆或分割有许多名称,直到 2000 年左右,人们才就"全球价值链"(GVCs)这个术语达成一些共识。在这种价值链中,生产是跨境协调的,尽管对于达到何种程度的组织复杂性才能被称为全球价值链还没有达成一致,但全球价值链绝非简单地进口原材料用于生产过程。许多学者已阐述了各种形式的全球价值链(如 Baldwin 和 Venables,2013),而其他学者则提出全球生产网络的概念而不是"价值链"。很明显,许多价值链是区域性的而不是全球性的。这一因素,加之全球价值链难以定义,催生了许多测量全球价值链进而考察其重要性的方法。

全球价值链的早期分析方法依据的是对特定产品的深入调查,如芭比娃娃(Tempest,1996)、苹果公司的 iPod(Linden 等,2009)、惠普和联想公司的笔记本电脑(Dedrick 等,2010),以及诺基亚公司的 N95 智能手机(Ali-Yrkkö 等,2011)。这些案例研究的目的是,根据私人咨询公司的产品拆分报告,在复杂的跨境业务网络中,确定生产特定商品的增值环节。尽管此类案例研究富有见地,但做起来通常很费力,而且结果难以一般化。此外,它们往往只关注最终装配上游的一个层面,而忽略了可能在第三国采购组件的重要信息,例如,在中国组装的电脑中的泰国硬盘本身可能是沿全球价值链制造的。

除了产品层面的研究外,第二类方法是,通过关注贸易数据,观察总出口及中间品进口,分析全球价值链参与。相关文献记录了中间品贸易或行业内贸易的增加,从而进一步证明了,自 20 世纪 80 年代以来,全球价值链日益重要。[1] 这些研究的一个重要局限是,仅关注贸易总量,无法区分中间产品的流动路径和增值的地区。由于通常不知道进口投入品如何用于特定产品,或者怎样与国内投入品和增加值相结合,因此无法评估增值发生于哪些国家。

---

1 此方法由 Yeats(2001)及 Ng 和 Yeats(2005)开创,并且由 Athukorala(2005)、Brülhart(2009)及 Sturgeon 和 Memedovic(2010)采用。

贸易总额数据不仅包括进出口的投入品，还可能包括大量重复计算，因为投入品在不同生产阶段多次跨境。为突破贸易总额数据的限制，研究人员开始使用投入产出表分析全球价值链的参与。在投入方面，这些表格记录了在特定行业和国家的产出中，哪些行业和国家提供了投入品；在产出方面，它们记录了这些货物的目的地。结合这些信息，并应用里昂惕夫（Leontief）投入产出模型，可利用最终品运输的数据来追溯不同国家和行业在每种商品生产中的增加值（Johnson，2014）。

Johnson 和 Noguera（2012b）将 42 个经济体的投入产出表联系起来（这些经济体占全球 GDP 的 90%以上、占全球贸易的 80%~90%）。对亚洲而言，它们首选的 VAX 指标（国内增加值在总贸易量中的占比）在 1975~1985 年期间下降，在 1985~1995 年期间趋于平稳，在 1995~2005 年期间显著下降。这与全球价值链在 20 世纪 80 年代初期出现，并在 1995 年后变得日益重要的表述一致。1995 年以后，亚洲 VAX 指标的降幅大于其他地区，这支持了亚洲在全球价值链中独领风骚的假设，"亚洲工厂"的概念使这一假设流行起来。

1.2 宏观分析的挑战

虽然原理很简单，但多区域投入产出表的构建和应用却很困难。正如两位领先的实践者（Escaith 和 Timmer，2012）所告诫的那样："对增加值贸易的任何'测量'都应被视为'估计'，而不是'测量'，因为大多数流动无法直接观察到。"其实，值得注意的是，国民账户或贸易统计中的所有条目都是估计值，任何使用镜像贸易统计数据的人都知道这一点。[1] 由于不同国家对行业的分类和定义不同，国家层面的投入产出表很难合并，所以 Johnson 和 Noguera（2012b）使用了只涉及 4 个行业的投入产出表。这项开创性的工作，凸显了利用总出口数据所

---

[1] 使用相同指标（如船上交货）报告的双边贸易流量对进口国和出口国来说应该是相同的，但报告的数字却从未一致过。在全球范围内，根据定义，总出口和总进口应是相等的，但报告的总出口和总进口并不平衡。

得研究结论的误导性,但由于使用的仍是一定程度上的加总数据,从而忽视了全球价值链的大部分活动。[1] 东京的亚洲经济研究所开发了投入产出表,按5年的时间间隔(自1975年起)将10个亚洲经济体联系在一起。分析结果很有用,但涉及的国家数量少,这就限制了分析结果的通用性。

维护一个全球统一的大型投入产出数据库具有挑战性。目前首选的全球数据集是世界投入产出数据库(WIOD)和经合组织(OECD)的国家间投入产出表(ICIO),后者是经合组织—世贸组织增加值贸易(TiVA)数据库的基础,两者都旨在分析贸易流量。

TiVA数据凸显了自1995年(数据集的第一年)以来,全球价值链变得越来越重要,以及服务作为贸易商品投入要素的重要性日益增加(这一过程被称为服务化)。至少在协调全球价值链内部联系方面,服务必不可少。物流、信息技术和其他商业与金融服务的改进,在提高全球价值链生产的吸引力方面发挥了重要作用。TiVA数据的一个缺点是,虽然它是全球性的,但其关注的对象是经合组织成员国,而且只包括18个制造业。

由11所大学和研究中心于2009年启动、2012年完成的WIOD项目,将一组协调的国家供给使用表与商品和服务的双边贸易数据联系起来。增加值是直接从其沿全球价值链产生的地方开始追溯的,这与早期的方法不同,后者通过追踪中间产品和服务的直接和间接进口,从出口中扣除国内增加值部分(Timmer等,2013)。WIOD项目具有开创性意义,因为它还包括环境和社会经济指标,例如,资本存量、投资、工资和不同技能劳动者就业的行业数据。使用劳动力市场数据的一个早期有影响力的例子是,尽管全球对德国汽车的需求在1995~2008年间几乎翻了一番,但德国的相关就业人数仅增加了约1/5,并且增加主要集中在中高级技能岗位,增加的190万个工作岗位有5/6是在其他地方(主要在东欧)(见图1–1)。因此,正如全球价值链收入将产品总值划分为所有生产过程参与国的

---

1 Johnson 和 Noguera(2012a)借鉴了全球贸易分析(GTAP)数据库的投入产出表,它涵盖了129个经济体和57个行业,但不太适合全球价值链分析,因为设计这些表是为了辅助CGE建模,而不是用于贸易数据。

所有要素的增加值一样，WIOD 社会经济指标可用于测量所有生产过程参与国的、与全球价值链有关的就业岗位。[1]

WIOD 的局限性是它涵盖的经济体数量有限（40 个），其中只有 6 个属于报告研究范畴。经合组织的国家间投入产出表的覆盖范围更大（61 个经济体），包括南亚和东亚的 13 个经济体。[2] 因此，经合组织的 ICIO 是本研究的主要资料来源。[3]

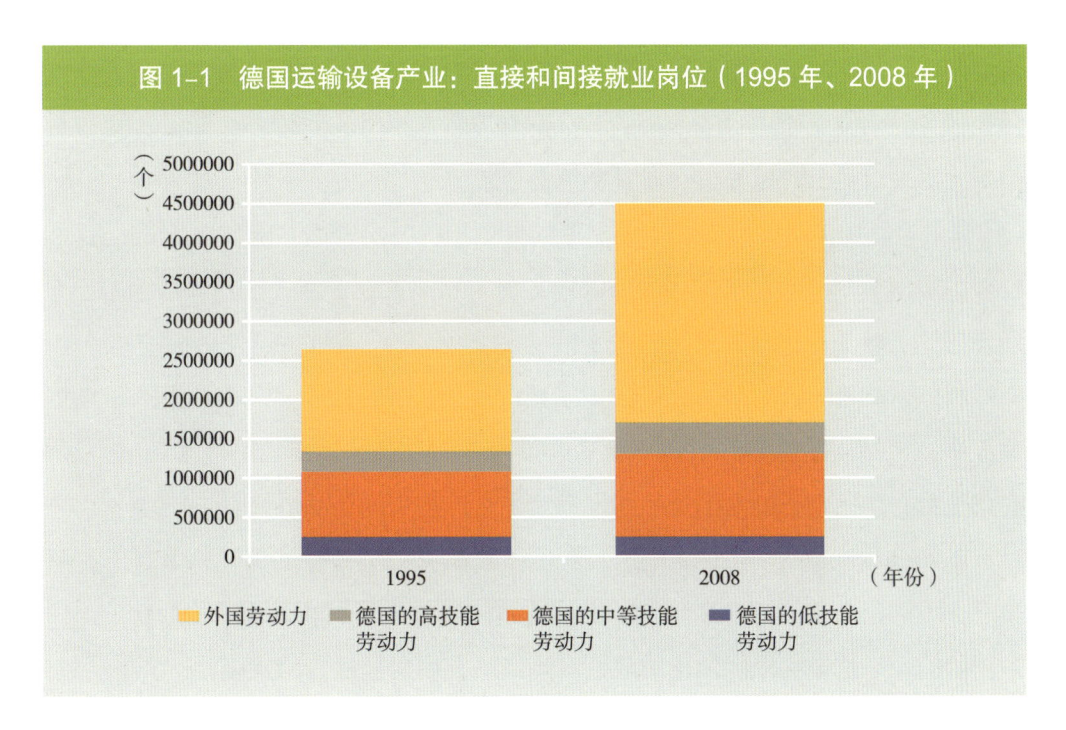

图 1-1 德国运输设备产业：直接和间接就业岗位（1995 年、2008 年）

资料来源：UNIDO 根据 Timmer、Stehrer 和 de Vries（2013）的研究成果编制。

---

1 Miroudot（2016）使用经合组织的 TiVA 数据就全球价值链对就业的影响进行了类似的分析。
2 文莱、柬埔寨、中国大陆、中国香港、印度、印度尼西亚、日本、韩国、马来西亚、菲律宾、新加坡、中国台湾、泰国和越南。
3 也用亚洲开发银行数据库（WIOD 的扩展，包括更多亚洲经济体）作为补充。Zhao 等（2018）在背景论文中使用这一数据库。

1.3 全球价值链分析的宏观指标

自从 Hummels、Ishii 和 Yi（2001）发表开创性论文以来，宏观分析已从生产过程垂直整合的角度阐释了全球价值链。根据更详细的投入产出表，本研究的背景论文将全球价值链贸易分解为后向关联（国内生产者出口中的外国增加值）和前向关联（他国出口中隐含的国内增加值）。近期的趋势是将这些关联视为生产组成部分，而不是贸易概念，以便将全球价值链中的增加值准确地分配到产生增加值的经济体中。借鉴 Koopman、Wang 和 Wei（2014）的研究，背景论文仅仔细考虑了进口或出口增加值，以避免重复计算。

背景论文中使用的后向和前向关联的具体指标各不相同。例如，Kummritz 和 Lanz（2018）使用一国出口中的外国增加值（后向关联）和一国对其他国家出口增加值的贡献（通过中间产品出口）的狭义指标。除了后向和前向关联的类似狭义指标外，Stöllinger（2018）还使用了更广泛的全球价值链参与度指标，从前向角度看，包括外国生产其本国消费品的投入（不仅仅是外国的出口生产）；从后向角度看，包括用于国内消费品和出口产品生产的中间产品进口。

Taborda 和 Lavopa（2018）重点关注各国在个别而非整体全球价值链中的参与度。因此，一个国家对全球价值链的贡献是通过分配到特定全球价值链的出口来衡量的。它是一种采用全球价值链末端产品的后向角度的前向指标。

Zhao 等（2018）采用了已在 Wang 等（2017a，2017b）的两篇论文中正式化的全球价值链参与度指标（见图 1-2）。他们的全球价值链前向参与度指标（V_GVC）反映了在一国的 GDP 中，全球价值链生产活动增加值所占比例；而全球价值链后向参与度指标（Y_GVC）反映了在最终产品生产中，来源于全球价值链活动的比例。他们认为，这些指标包括所有形式的跨境生产共享活动。[1] 他们进一步区分了仅跨境一次的简单全球价值链活动，以及跨越边界多次的复杂全球价值链活

---

[1] 作者还告诫不要将总出口用作分母，否则，对直接出口少但间接出口多的行业来说，其前向关联指标可能极高，特别是服务业，其直接出口少，但其增加值隐含在其他行业的出口中。

动。对于前向和后向关联，国家部门的增加值被分解为4类：纯国内生产、传统贸易生产、简单全球价值链和复杂全球价值链。

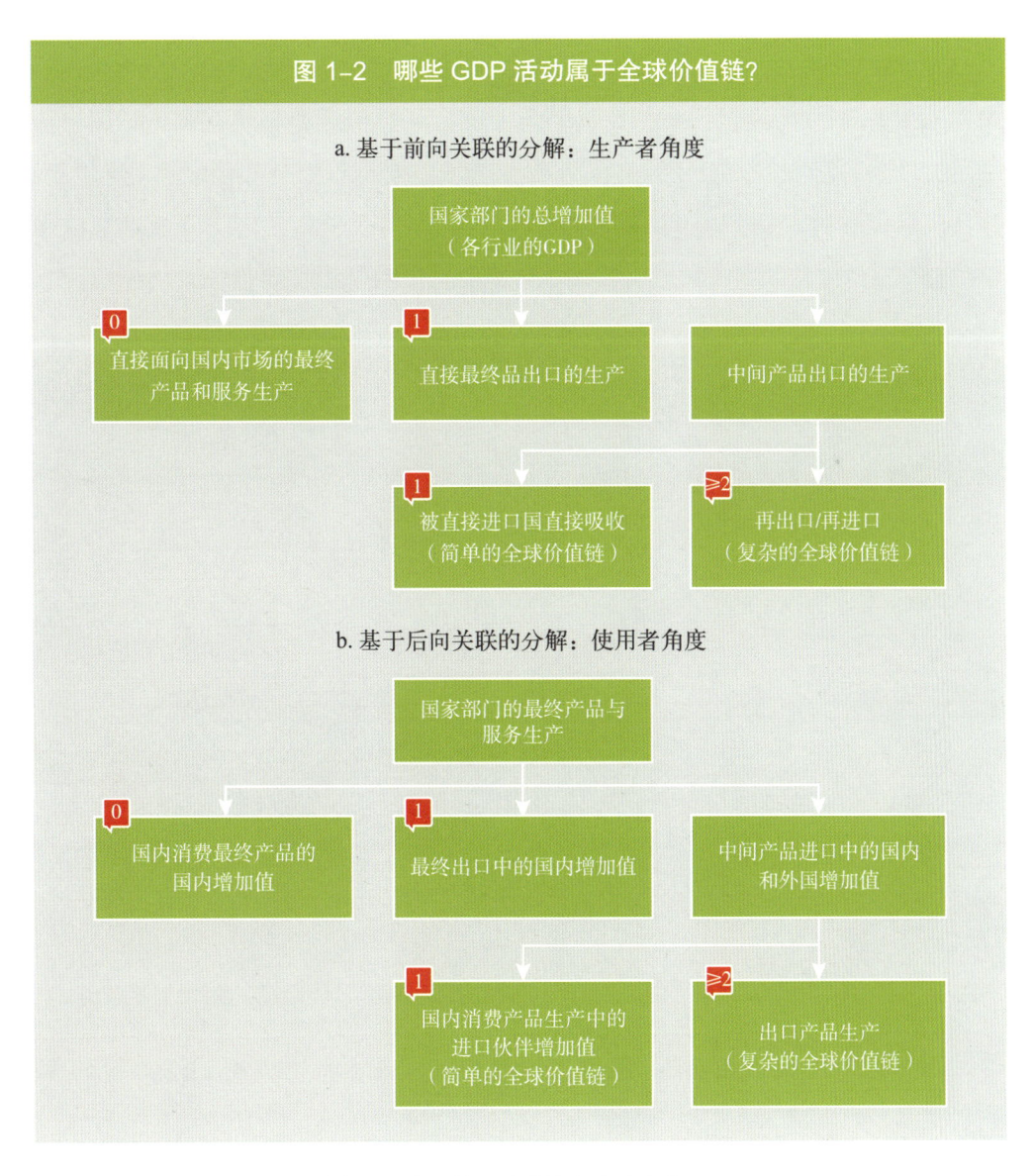

图 1-2　哪些 GDP 活动属于全球价值链？

a. 基于前向关联的分解：生产者角度

```
              国家部门的总增加值
               （各行业的GDP）
       ┌────────────┼────────────┐
      [0]          [1]
  直接面向国内     直接最终品      中间产品出口
  市场的最终       出口的生产       的生产
  产品和服务生产
                           ┌──────────┴──────────┐
                          [1]                   [≥2]
                    被直接进口国直接吸收      再出口/再进口
                    （简单的全球价值链）   （复杂的全球价值链）
```

b. 基于后向关联的分解：使用者角度

```
              国家部门的最终产品与
                   服务生产
       ┌────────────┼────────────┐
      [0]          [1]
  国内消费最终     最终出口中的    中间产品进口中的
  产品的国内       国内增加值      国内和外国增加值
  增加值
                           ┌──────────┴──────────┐
                          [1]                   [≥2]
                   国内消费产品生产中的        出口产品生产
                    进口伙伴增加值          （复杂的全球价值链）
                   （简单的全球价值链）
```

注：每个方框顶部的数字表示相应的增加值跨境流动的次数。
资料来源：Zhao 等（2018）的背景论文，以 Wang 等（2017a）的论文为依据。

1.4 价值链参与的描述性统计[1]

按行业分解的所有宏观数据集都清楚地表明，制造业是全球价值链的领先行业（见图 1–3）。与其他行业相比，制造业的全球价值链参与度较高（见图中的绿点）。这和其他方法的发现一致：少数制造业在全球价值链整合中起主导作用，并且仍然保持这种领先优势。行业的具体排名取决于所用的定义和数据加总水平，但全球价值链的领先行业总是包括汽车业、电子业和服装业。

图 1–3 各行业的全球价值链参与度指标（2015 年）

资料来源：Zhao 等（2018）的背景论文，其依据是亚洲开发银行的多区域投入产出表和中国对外经济贸易大学的全球价值链指标体系。

---

1 根据 Kummritz 和 Lanz（2018）、Taborda 和 Lavopa（2018）、Söllinger（2018）以及 Zhao 等（2018）的背景论文，其中前三篇论文使用了经合组织的国家间投入产出表（1995~2011 年），Zhao 等（2018）的论文使用了亚洲开发银行开发的多区域投入产出数据库，它涵盖 45 个经济体的 35 个行业（2000~2015 年）。

经合组织的国家间投入产出表突出显示了自1995年以来，全球价值链的增长超过其他贸易增长。全球价值链中的制造业出口以8.5%的年增长率增长，2011年达到3.416万亿美元。2011年，在全球制造业出口中，全球价值链形式的出口占1/3以上，而1995年占28%。

亚洲是全球价值链参与程度最高的地区，而且后向关联更明显，它反映了亚洲在价值链组装工序中的主导地位。图1-4的上图显示，2011年的后向关联占南亚与东亚制成品出口的29%，高于其他地区，南亚与东亚也是自1995年以来后向关联增幅最大的地区。对大多数亚洲经济体而言，后向关联占制成品出口的30%以上，而世界平均水平为25%。2011年，柬埔寨的后向关联比例最高，占制造业出口的50%以上。柬埔寨和越南较高的后向关联及较低的前向关联，反映了它们在全球价值链装配工序中的地位（涉及的国内增加值相对较少）。虽然自1995年以来，整个亚洲地区的全球价值链后向关联有所增加，但若干经济体的后向关联有所下降；特别是中国的后向关联从1995年占制成品出口的40%以上，降至2011年的32%。考虑到在同一时期，中国的前向关联从6%增加到8%，这可以证明中国正在沿全球价值链升级，从简单的最终产品组装向更复杂的国内增加值创造环节升级。

结合图1-4的下图来看，制造业中的全球价值链后向关联高于前向关联。2011年，亚洲经济体在其他国家出口中的国内制造业增加值约占亚洲制成品出口的11%，与世界平均水平相似。与后向关联相反，前向关联的相对重要性在21世纪仅略有增加。在亚洲地区，菲律宾和日本的前向关联最高，约占其制成品出口的19%，而较发达经济体（包括日本、中国台湾、韩国和新加坡）的前向关联通常较高，它们为其他地区的组装加工提供投入品。像印度尼西亚和文莱这样的国家，其相对较高的前向关联与自然资源出口有关，中东也是如此。

Kummritz和Lanz将全球价值链参与进一步分解为区域内和区域外联系。区域价值链在欧洲单一市场，以及南亚、东南亚和东亚地区最为强劲。2011年，区域内后向关联占亚洲制成品出口的近12%，而区域外后向关联占近17%。与其他地区相比，亚洲的区域内前向关联也相对较强。但是，所有区域的前向关联都以区域外关联为主。这说明，虽然区域价值链强于区域外价值链联系，但在亚洲组装业务的中间投入和亚洲中间产品向全球价值链的出口中，有相当大的一部分跨越了区域界限。全球价值链是否以及为何是区域性而非全球性的问题将在第2章中讨论。

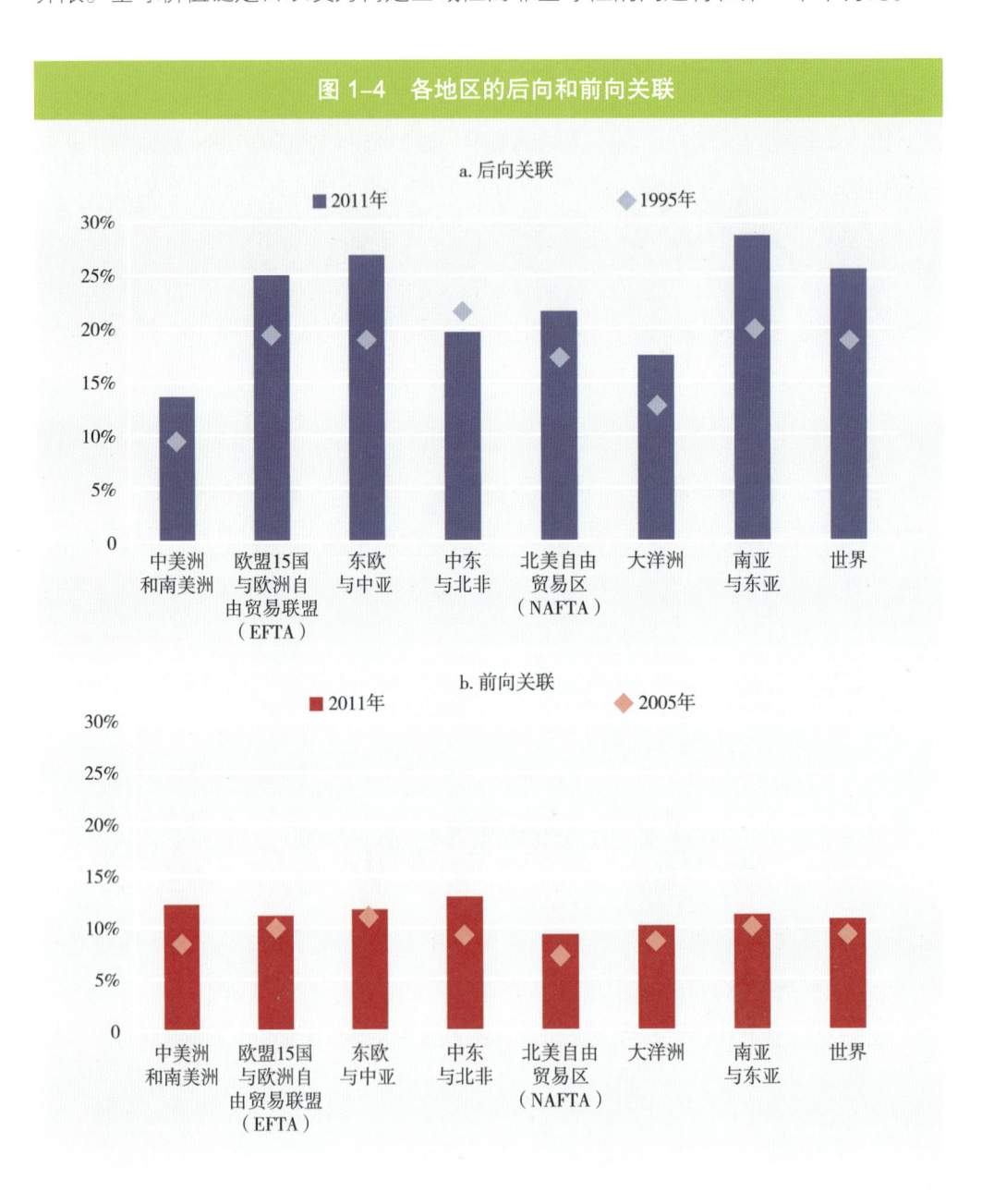

图1-4 各地区的后向和前向关联

a. 后向关联（2011年、1995年）

地区	2011年	1995年
中美洲和南美洲	~14%	~10%
欧盟15国与欧洲自由贸易联盟（EFTA）	~25%	~20%
东欧与中亚	~27%	~19%
中东与北非	~20%	~22%
北美自由贸易区（NAFTA）	~22%	~17%
大洋洲	~18%	~13%
南亚与东亚	~29%	~20%
世界	~26%	~19%

b. 前向关联（2011年、2005年）

地区	2011年	2005年
中美洲和南美洲	~12%	~9%
欧盟15国与欧洲自由贸易联盟（EFTA）	~11%	~10%
东欧与中亚	~12%	~11%
中东与北非	~13%	~9%
北美自由贸易区（NAFTA）	~10%	~8%
大洋洲	~10%	~9%
南亚与东亚	~11%	~10%
世界	~11%	~10%

资料来源：Kummritz 和 Lanz（2018）背景论文，基于经合组织的国家间投入产出表。

以制成品出口占比衡量的全球价值链参与度对小国来说尤为重要。Stöllinger 在背景论文中使用前向关联和后向关联的综合指标，结果发现，在经合组织数据库的 61 个经济体中，有 7 个亚洲经济体因全球价值链参与对其制成品出口的重要作用，而跻身前 20 名经济体之列；这些亚洲经济体是柬埔寨、新加坡、韩国、中国台湾、马来西亚、泰国和越南。Zhao 等（2018）的背景论文使用了不同的投入产出表，同样发现中国台湾（TWN）、韩国（KOR）、马来西亚（MAL）、泰国（THA）和越南（VIE）在 2015 年的全球价值链参与度很高（见图 1-5）。需要注意的是，虽然较大的亚洲经济体的参与度较低，但中国大陆（CHN）和印度（IND）的全球价值链活动的绝对值较高。

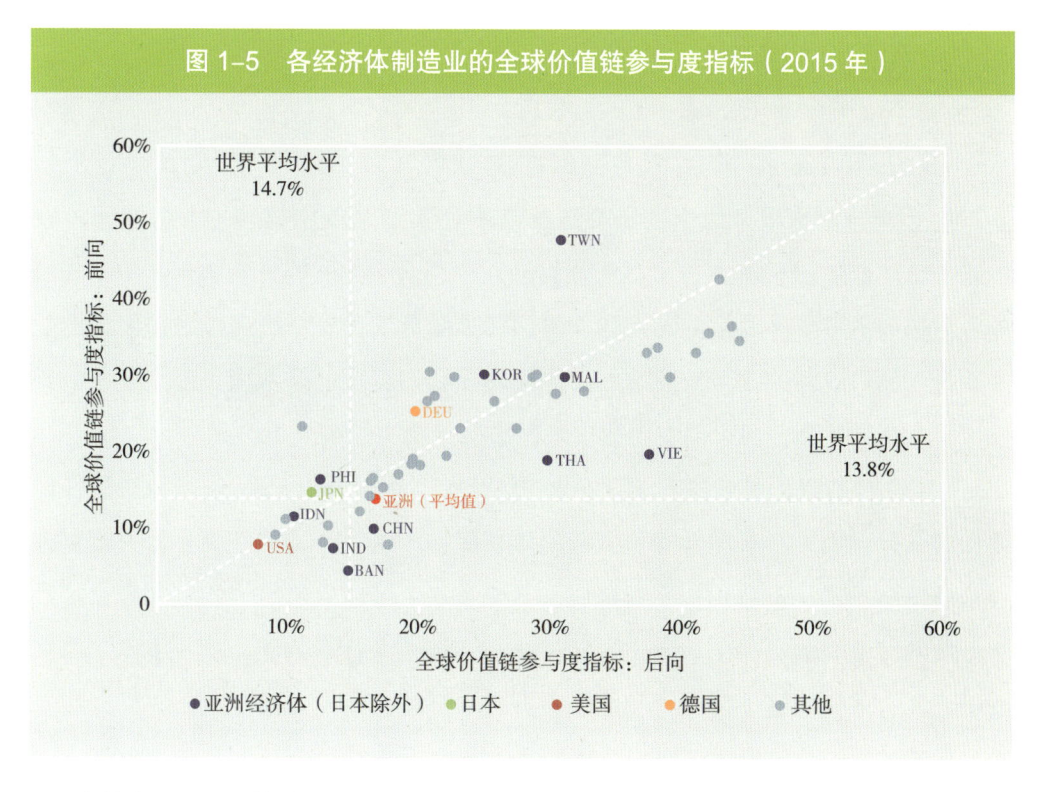

图 1-5　各经济体制造业的全球价值链参与度指标（2015 年）

资料来源：Zhao 等（2018）的背景论文，基于亚洲开发银行的多区域投入产出表和中国对外经济贸易大学的全球价值链指标体系。

即使在宏观层面，各国的差异也很突出。对越南来说，跨境一次的简单全球价值链的比例高于印度或中国，但越南的后向关联的这一比例低于这两个国家。这意味着中间产品进口在越南的出口生产中占比更大，但其全球价值链出口主要面向最终消费，也就是说，越南更像是装配中心。相比之下，中国已经历了从加工组装到更复杂的全球价值链活动的重大转变，特别是2008~2009年以来。[1] 这种转变在涉及中国、印度和越南的电子行业的全球价值链贸易中最为明显；印度和越南的出口在2008~2009年之后上扬，与此同时它们增加了从中国的中间产品进口（见图1-6）。

1.5 亚洲工厂内部

Taborda 和 Lavopa 阐述了南亚、东南亚和东亚地区行业层面（34个行业）的生产分割情况。他们的研究结果基本证实了文献中描述的一般趋势。在1995~2011年间，日本失去了在亚洲制造业中创造增加值的主导作用。中国发展成为增加值的主要来源，中国大陆、韩国和中国台湾作为中高端技术密集型产业中间投入品供应商的作用有所增加。尽管越南和印度在低技术密集度产业中的专业化程度有所提高，但它们在中端技术密集型产业中的增长率更高。

对单个价值链的绩效进行更深入的分析后，Taborda 和 Lavopa 认为中国、印度和越南是亚洲地区参与全球价值链的成功案例。这三个国家在大多数关键制造业价值链中积累了收益，几乎都实现了高增长率。区域价值链为印度和越南提高在低技术行业中的参与度、为中国提高在中高端技术行业的参与度，提供了稳赢的机会。全球价值链使得中国和越南有望在中高端技术产业实现增长，而印度加入了不断扩大的全球价值链中的中端技术活动。

---

[1] 有些作者将这归因于随国际市场剧烈波动（全球危机）而进行的调整，但它可以反映中国经济迅速发展的动态。

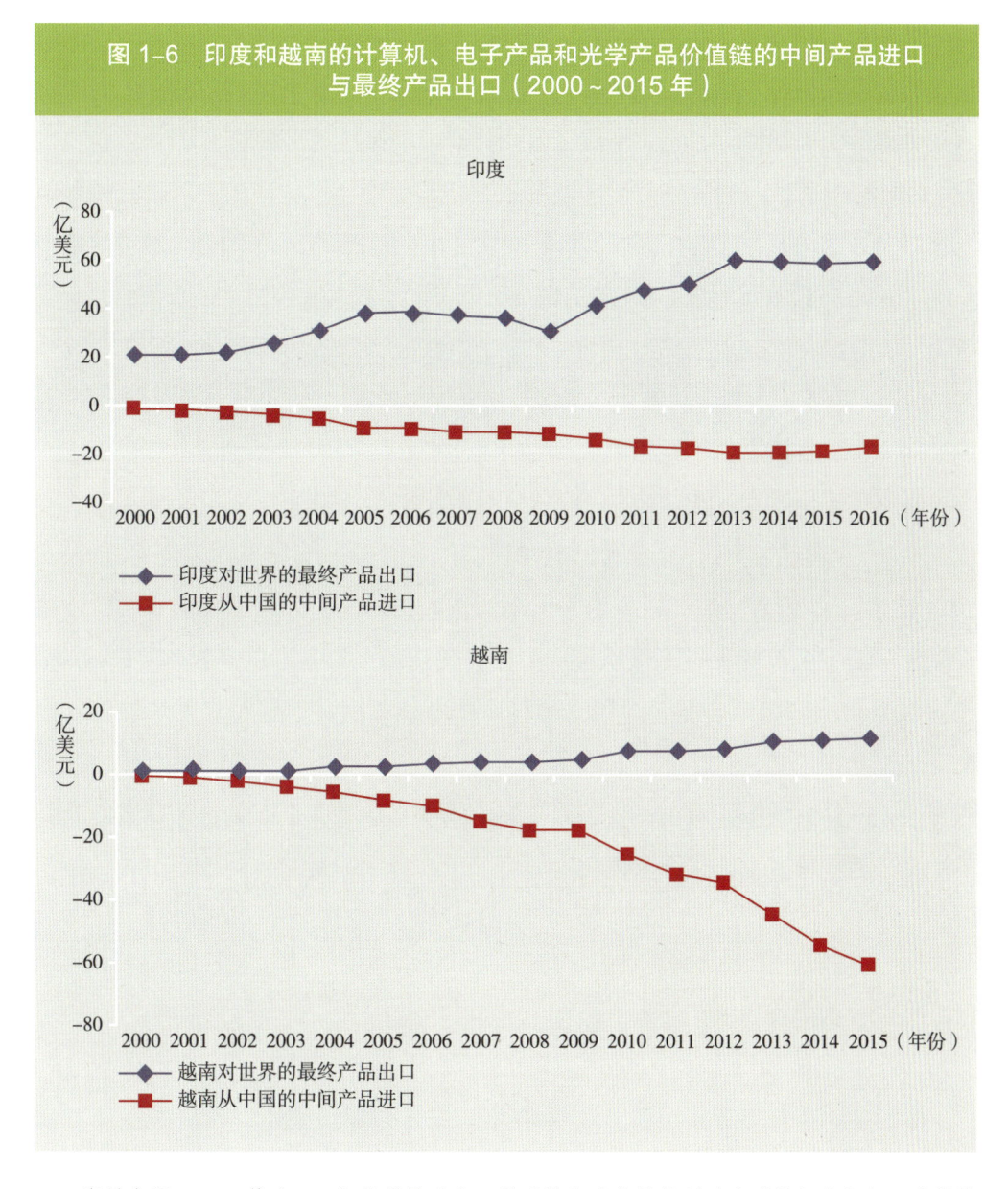

图 1-6 印度和越南的计算机、电子产品和光学产品价值链的中间产品进口
与最终产品出口（2000~2015 年）

印度

越南

资料来源：Zhao 等（2018）的背景论文，基于按行业和最终用途分类的经合组织双边贸易数据库（BTDIxE）、国际标准行业分类（ISIC）第 4 版。

对单个价值链层面的国家表现进行的分析显示，亚洲经济体的全球价值链组合存在较大差异。在中国、印度和越南，规模小但不断增长的价值链为促进各国参与全球价值链提供了宝贵的机会。Taborda 和 Lavopa 的研究结果表明，全球价值链和区域价值链中的初期参与和后期扩张是由两个重要因素调节的：一是特定行业创造价值的能力，二是与价值链中的其他国家保持紧密联系。

各国能成功融入的价值链似乎都聚集在特定生产合作伙伴周边，或者在上游（贡献大部分价值），或者在下游（特定的完工地点）。例如，中国在全球价值链中实现了更大、更快的进步，这些价值链要么以美国、日本和德国为终点，要么有很高比例的增加值来自这些国家。而印度在亚洲区域价值链以及以新兴经济体为终点的价值链中有更好的表现。最后，越南对中国的价值链以及中国也在其中高速扩张的其他价值链的参与度提高更快。

至少有 4 个不同的因素可以解释价值链的集聚。第一个涉及生产合作伙伴或离岸外包地点的选择；企业通过利用现有的关系网来选择出口区位（Chaney，2014）。第二个因素是纵向联系对投入来源选择的影响；无论是在行业层面还是在企业层面，生产者更有可能从供应商已经使用的地方获取中间投入（Carvalho 和 Voigtländer，2015）。第三个因素与投入的特殊性有关；非特定关系的投入更有可能来自范围更大的区域（Furusawa 等，2015），而不太通用的投入往往在国内或较近的地方获取。最后一个因素与特定消费市场的存在有关；消费最终产品的地点可能集聚多元化的价值链。

1.6 宏观分析的使用

接下来的两章将说明投入产出分析如何揭示亚洲地区全球价值链的主要特征。这些特征包括：融入全球价值链的决定因素、全球价值链是否以及为何是区域性而非全球性的、全球价值链参与对行业结构变化的影响（如全球价值链参与是否促进了制造业活动），以及全球价值链的环境影响（特别是对温室气体排放和气候变化的影响）。这些章节强调了行业和企业行为的异质性，进而为第二部分和第三部分的分析铺平了道路。

第 2 章
全球价值链参与的决定因素

国际投入产出数据库数量和质量的迅速增加和提高，不仅加深了我们对全球价值链特征的理解，同时也提高了对全球价值链多样性的认识。不同国家和行业的全球价值链参与度存在很大差异。对于全球价值链参与，没有唯一的解释。对全球价值链现象的初步认知，可以追溯到 20 世纪后期，如"分包"或"离岸外包"，它强调在生产过程内部，基于比较优势，通过减少贸易壁垒和运输成本，来促进专业化，而不是像古典贸易理论中的"红酒换纺织品"一样，单纯地交易产品。最近的文献确定了全球价值链参与的本国决定因素，如基础设施、制度、技能和技术能力。

区分全球价值链中的后向关联和前向关联很有用，如第 1 章的图 1–2 所示。Kowalski 等（2015）使用经合组织的 TiVA 数据库发现，很大一部分进口被贸易协定涵盖并且对外商直接投资开放的国家，具有更强的后向关联，但与前向关联没有显著关系。国内市场大且远离制造业中心的国家，往往后向关联较少，而大国往往有较强的前向关联。Kowalski 等（2015）还发现，对于发展中国家融入全球价值链，增加值贸易的引力模型显示了物流绩效、知识产权保护、基础设施质量和制度质量的重要性。更普遍的是，国内生产结构，包括一个国家的生产和技术能力，是全球价值链参与的重要决定因素。

考虑到时间的重要性，交通基础设施质量、物流服务和贸易便利化等因素，是全球价值链形成和单个全球价值链地理分布的决定因素。Lanz 和 Piermartini

（2016）发现，交通基础设施优良且贸易便利化水平较高的国家，往往在时间敏感型和供应链密集型行业上实现专业化。这与 Hummels 和 Schaur（2013）的研究结果一致，他们指出，以时间为贸易成本，对时间最敏感的行业正是那些以全球价值链为突出特征的行业。

Pietrobelli 和 Rabellotti（2011）强调了全球价值链与国家创新体系之间的双向关系。一方面，融入全球价值链可以产生压力，促进学习和升级，以达到国际标准或向价值链领导者学习。另一方面，健全的创新体系能帮助降低交易的复杂性，并使交易基于关系型全球价值链治理形式而实现。各国的生产和技术能力也决定了它们在价值链中的位置；在生产的所有阶段犯错概率都比较低的国家，专门负责生产链的后期阶段（Costinot 等，2013）。

一个国家的金融发展水平和企业的融资渠道，是贸易和出口专业化的重要决定因素。金融发展强劲（如信贷的可获得性更高）的国家在资金困难的行业中出口更多（Manova，2013）。金融摩擦也影响了跨国企业的区位决策，金融发展水平较高的国家吸引了更多的垂直整合和出口平台动机的跨国活动（Bilir 等，2016）。Manova 和 Yu（2016）使用中国海关和企业层面的数据发现，信贷约束将企业限制在全球价值链中的低附加值阶段（如纯装配）；全球价值链中更复杂的环节涉及更高的前期成本，并需要更多的营运资金。

尽管习惯使用"全球价值链"术语，但国际生产共享主要采取区域价值链而非全球价值链的形式。[1] Baldwin 和 Lopez-Gonzalez（2015）认为，价值链贸易主要在三个地区进行，它们被称为北美工厂、欧洲工厂和亚洲工厂，其中四个生产中心（美国、德国、中国和日本）的 GDP 约占世界 GDP 的 60%。东南亚经济体的出口中，超过 40% 的外国增加值都来自亚洲合作伙伴。Lopez Gonzalez（2016）将其描述为专门从事制造业活动的工厂经济体，它们与区域中心或总部经济体（如中国和

---

1 Johnson 和 Noguera (2012) 指出，区域内贸易的"增加值贸易与总贸易的比率"，即"VAX 比率"，小于区域外贸易的 VAX 比率，这说明区域内贸易分割程度更高。2005 年，在东亚地区，区域内贸易的 VAX 比率为 0.61，而区域外贸易的 VAX 比率为 0.79。此外，他们提供的证据表明，随着时间推进，生产分割在邻近国家中增加得更快。

日本）存在很强的后向关联。[1]

令人欣慰的是，本项目的许多宏观研究结果与关于全球价值链参与决定因素的文献一致。贸易自由化和便利化、软硬基础设施、国内营商环境等，都具有积极影响。以 GDP 衡量的大国往往具有较低的后向关联，而远离三个主要全球价值链中心（德国、日本和美国）的经济体往往具有明显更低的区域内前向关联。本项目的研究结果强调了全球价值链参与的决定因素的异质性，包括不同国家、前向和后向关联、大国和小国、区域内和区域外联系等异质性。一般观察结果是，与区域外联系相比，估计模型对区域内联系具有更强的解释力。

2.1 全球价值链参与的贸易相关决定因素[2]

贸易壁垒的减少和国际贸易成本的降低是全球价值链出现以及各国参与全球价值链的必要条件。运输成本的存在也可能鼓励相邻国家在全球价值链中加强合作。本项目的宏观研究表明，关税对前向关联产生了显著的负面影响，特别是对区域内关联，但是关税对后向关联的影响不显著。

正如我们的预期，无论从前向关联还是后向关联来看，贸易协定涵盖的贸易在总贸易中占比较高的经济体，融入区域价值链的程度更高。由于贸易协定往往是区域性的，因此这一结果可能反映出区域价值链内的贸易创造以及区域外国家的贸易转移。区域贸易协定与融入区域价值链相关，而且可能将全球价值链贸易从区域外合作伙伴那里转移走，转移到区域内。背景论文确定了双边或区域协定的作用，即它们有助于加强非正式联系，并促进区域价值链的发展。

亚洲的一个显著特征是，区域贸易协定是在全球价值链创建后出现的，而不是像欧盟或北美那样在全球价值链创建前出现的。20 世纪下半叶的关税同盟和

---

[1] 服务贸易的区域化程度较低，这可能是因为服务的国际生产分割远不如商品那样显著（Lanz 和 Maurer，2015）。
[2] 本节主要以 Kummritz 和 Lanz（2018）的背景论文为依据。

自由贸易区的浪潮在东亚显然不存在（Pomfret，2011）。一个例外是东南亚国家联盟（ASEAN），它最初是一个安全组织，在21世纪之前影响力很小。在南亚，区域贸易协定也很弱。相比之下，欧盟在20世纪80年代的南扩，以及在21世纪初的东扩，是欧洲区域价值链得以建立的主要刺激因素，就像1965年的《美加汽车贸易协定》、1987年的《美加自由贸易协定》以及1993年的《北美自由贸易协定》促进北美区域价值链的创建一样。

2.2 基础设施和制度[1]

从事贸易或参与价值链的企业开展的经济活动，受交易成本的影响。法律制度是交易成本的决定因素，因其影响监督与合同执行的成本。更完善的法律制度能促进企业之间的交易，因其减少了不安全感和风险。制度是比较优势的决定因素（Nunn，2007；Levchenko，2007），法律制度更完善的国家往往专门从事需要"关系专用性投资"的产品生产或行业。[2]

就其对"套牢问题"（hold-up problem）的影响而言，制度对于全球价值链的参与尤为重要。如果投入品需要"关系专用性投资"，且合同无法完全履行，当投资完毕，投入品开始生产后，投入品的买方就有与供应商重新就合同进行谈判的动机，因为投入品在关系之外的价值更低。同样，如果投入品供应商对全球价值链至关重要，而且没有现成的竞争供应商，该供应商可能会以延迟整个生产链相要挟，要求更优惠的合同条款。有助于更好履行合同的制度能缓解套牢问题，而制度更完善的国家往往会在全球价值链密集型制造业中出口更多（Lanz和Piermartini，2016）。

产权作为衡量法律制度质量的指标，对于区域外价值链的前向参与至关重要，但并不是区域内前向和后向关联的重要决定因素。这些结果与非正式制度（如信任或人际网络）可以取代正式制度的证据一致，区域内部国家之间的非正

---

1 本节主要以Kummritz和Lanz（2018）的背景论文为依据。
2 Nunn和Trefler（2014）综述了国内制度作为比较优势来源的文献。

式制度往往更强大。因此，正式制度不够强大的发展中经济体（如越南）可以依靠非正式制度实现区域一体化，但可能需要完善自身的法律制度，以便更好地融入区域外价值链。

交易成本不仅受到与法治水平和合同履行相关的正式制度的影响，还可能由非正式制度决定。具体来说，非正式制度（如通过频繁互动、人际网络和信任所建立的声誉）可以取代正式制度并促进贸易（Nunn 和 Trefler，2014）。Yu 等（2015）发现，双边信任对双边贸易有积极影响，而且与出口国的法治水平相比，进口国的法治水平越高，这种影响就越小。

非正式制度的重要性（如信任对经济交易而言）对全球价值链有两方面的影响。第一，如果邻国的居民比相距较远国家的居民更加信任彼此，那么全球价值链参与在区域层面就会更容易。第二，正式制度和信任很可能相互替代。如果一个国家拥有完善的法律制度，那么信任的作用就会降低，因为合同可以通过法律制度强制执行；如果在区域内经营的企业之间的信任度更强，那么良好的法律制度对融入区域外价值链将更为重要。这意味着法律制度不太先进的发展中经济体可利用与邻国的联系来开展全球价值链参与。

金融发展对价值链的后向参与，特别是对区域一体化，有显著的积极影响。然而，研究结果出人意料地显示，投资自由度的影响并不显著。这可能反映了数据问题；或者是，在全球价值链参与决定因素中，外商投资可能不如其他因素重要，或者外商直接投资对某些国家可能很重要，但对其他国家并不重要。

2.3 技能与工业能力[1]

本项目的一个独特贡献是，检验了工业能力对全球价值链参与的重要决定作用。这是通过将联合国工业发展组织的工业竞争力（CIP）指数纳入计量经济分

---

[1] 本节主要以 Kummritz 和 Lanz（2018）的背景论文为依据。

析范围而实现的。[1] CIP 指数的结果表明，无论从后向还是前向关联来看，工业竞争力较强的国家往往能更好地融入区域价值链。相比之下，CIP 指数对区域外价值链参与的影响并不显著，但是这一结果对区域分类很敏感。因此，虽然我们可以在工业竞争力和价值链参与之间建立一个一般化的正向联系，但结果并没有显示区域内和区域外参与受到的影响有明显不同。

多年学校教育所体现的丰富技能对区域外全球价值链参与有显著的正向影响。而对于区域内价值链参与，教育年限的系数显著为负，但是区域内和区域外参与结果之间的差异对于区域的地理定义并不稳健。关于技能与后向和前向参与之间关系的结果更有趣。技能对整体前向关联有显著的正向影响；而对于整体后向关联，技能的系数是负值，但在统计上不显著。这一模型支持了这样的假设：后向关联与低技能任务（如组装）有关，而发达国家（如美国、日本或芬兰）的前向关联最高。

工业竞争力的关键要素，包括达到质量标准和获得资本的能力。某些经济体已经走过了其他经济体正在努力达到的阶段，开始对外直接投资，这可能成为促进竞争力提升的重要因素。20 世纪 80 年代，在东亚，来自中国香港的投资者，以及来自中国台湾和韩国的投资者（在较小程度上），在中国大陆发挥了这种作用。近年来，泰国企业通过在边境经济合作区（区域价值链的一部分）建立生产设施，提高了柬埔寨、老挝和缅甸工人的竞争力（亚洲开发银行，2016）。

关于技能和工业竞争力的研究结果与研究国内已存在有利条件重要性的文献一致。本项目的研究开创性地提供了关于工业竞争力和全球价值链参与之间联系的实证证据，特别是技能水平与前向关联之间的联系。竞争力和技能水平也有助于解释全球价值链参与者如何从参与区域价值链转向参与全球价值链，特别是作为投入品供应商，但是这些研究结论的统计稳健性不高。

---

1 在联合国工业发展组织的《工业竞争力年度报告》中公布的 CIP 指数，可衡量各国竞争性生产和出口制成品的能力。该指数的依据是 8 个标准化量化指标，如人均制造业增加值、制造业增加值在 GDP 中的占比，以及一国在全球制成品出口中的占比。

2.4 哪些因素解释了价值链的区域性？

许多因素可以解释区域价值链的主导性。地理邻近性意味着更低的运输成本，因为国家间的距离缩短了。Baldwin（2017）强调了面对面接触的重要性。在全球价值链中，供应商和客户之间经过几个小时旅行就能到达对方的地点很重要，这样检修人员就能在当天解决所有问题。此外，区域贸易自由化的进展速度超过了多边贸易自由化，导致区域层面的贸易政策壁垒更低。

信息成本为区域价值链的重要性提供了另一种解释。随距离扩大而增加的"信息摩擦"限制了企业建立国际出口商网络的能力（Chaney，2014）。这种摩擦也会导致不确定性，它可能妨碍准时交货，影响成功融入全球价值链所需的最低库存量。Defever等（2015）的研究结果表明，投入品供应商或监管方面的不确定性和信息成本，与空间距离有着明显的关系，这种不确定性和信息成本在邻近国家之间较低。这些结果可以很容易地应用到全球价值链的背景中。[1]

作为贸易成本的另一个要素，时间不仅在全球价值链的形成中起着关键作用，还解释了某些生产阶段的接近程度。与时间相关的贸易成本有两个方面：交付所需的时间（速度）和按时交付的能力（可预测性）。在以需求波动、产品易腐性或快速技术变革为特征的全球价值链中，快速交付非常重要。可预测性在以高库存成本或即时生产为特征的全球价值链中至关重要，其中进一步的加工或装配取决于中间投入品的准时送达。

时间影响全球价值链中生产阶段的选址和生产分割的可行性。Evans 和 Harrigan（2005）指出，对时间敏感的美国进口服装的生产已转移到邻国。Djankov 等（2010）估计，运输时间每增加一天就会使出口减少至少 1%，而且对于时间敏感的制造业商品和易腐农产品来说，时间更重要。Hummels 和 Schaur（2013）估计，运输途中的每一天相当于 0.6%~2.1% 的从价关税，而且零配件的时间敏感度比其他商品高 60%。

---

[1] Defever 等（2015）采用中国出口商的海关数据发现，如果中国与该国接壤，向该国出口的概率会增加 2 个百分点。

2.5 区域贸易协定的作用

2000年以前，东亚和南亚明显缺少有效的区域贸易协定；但这种情况在21世纪发生了变化：许多双边贸易协定签署，东盟经济共同体的融合加深，各国也在参与大区域贸易协定的谈判，如《跨太平洋伙伴关系协定》（2017年1月美国退出后更名为《全面与进步跨太平洋伙伴关系协定》，即CPTPP）和《区域全面经济伙伴关系协定》（RCEP）。在2018年3月签署时，CPTPP的成员包括澳大利亚、文莱、加拿大、智利、日本、马来西亚、墨西哥、新西兰、秘鲁、新加坡和越南。10个东盟成员国（文莱、柬埔寨、印尼、老挝、马来西亚、缅甸、菲律宾、新加坡、泰国和越南）及其6个自由贸易协定伙伴（澳大利亚、中国、印度、日本、新西兰和韩国）仍在就RCEP进行谈判。

签署贸易协定最多的亚洲国家是新加坡，在这些协定中，已签署和生效的有20个，已签署但未生效的有2个，截至2017年底仍在谈判的有9个（见表2-1）。贸易协定（已签署）数量紧随其后的是中国（17个）、韩国（16个）、日本（16个）、马来西亚（16个）、泰国（13个）和印度（13个）。当然，并非所有贸易协定都同样重要，但这份名单与全球价值链主要参与者的名单大体一致（越南已签署了11个贸易协定）。令人惊讶的是，关税制度接近于无任何双边协定的自由贸易模式的新加坡，签署了最多的"自由贸易"协定。原因是这些协定超越了20世纪时以取消合作伙伴的贸易关税为基础的自由贸易区的定义。

21世纪的贸易协定通常涉及贸易便利化以及更广泛的边境后措施，包括服务贸易、投资、知识产权和国内监管等相关措施（Mattoo等，2017）。一部分世贸组织成员已将一些协定作为诸边承诺进行谈判，例如，1997年《信息技术协议》（ITA）的82个签署方已承诺将指定的电子商品清单中的所有关税和相应税费取消。[1] 世

---

[1] 东亚和南亚的签署方包括中国大陆、中国香港、中国澳门、中国台湾、印度、印度尼西亚、日本、菲律宾、韩国、新加坡、泰国和越南。签署《信息技术协议》实际上是参与电子业全球价值链的必要条件。

贸组织 2017 年的《贸易便利化协定》旨在通过制定对所有成员具有约束力的贸易便利化原则，来促进全球价值链中商品和服务的流动，但该协定缺乏具体的细节，这反映了 164 个经济体之间达成共识的难度。

表 2-1　涉及东盟 + 6 国的贸易协定（2017 年）

国家	框架协议	谈判中	已签署但未生效	已签署并生效
新加坡	0	9	2	20
中国	0	7	1	16
韩国	0	10	0	16
日本	0	8	1	15
马来西亚	1	5	2	14
泰国	1	9	0	13
印度	1	14	0	13
澳大利亚	0	7	2	12
新西兰	0	6	2	11
越南	0	5	1	10
印度尼西亚	0	7	1	9
文莱	0	2	1	8
老挝	0	2	0	8
菲律宾	0	3	1	7
柬埔寨	0	2	0	6
缅甸	1	3	0	6

资料来源：联合国工业发展组织根据亚洲区域整合中心—表 6《各国的自由贸易协定状况》（https://aric.adb.org/fta，2018 年 1 月 1 日访问）编制。

双边协定往往更有局限性，而且更容易谈判和实施。虽然协定中的条款主要反映签署方的利益兴趣，但减少边境文书工作或消除监管壁垒之类的措施通常是非歧视性的，因此不太可能导致像 20 世纪贸易协定那样的贸易转移。双边协定的缺点是，它们可能导致规则和标准的激增，这不仅令贸易商感到困惑，还给全球价值链的合作带来不便。大区域贸易协定，如《跨太平洋伙伴关系协定》（TPP/CPTPP）或《区域全面经济伙伴关系协定》（RCEP），都有许多参与者并历经长时间谈判，它们的一个重要特点是创造了共同的做法和规则。多个国家达成协定存在难度，而共同标准存在网络效益（因为覆盖了更多的合作伙伴，这些标准变得更有用），这两者之间存在权衡。

21 世纪，亚洲的双边、区域和更广泛的贸易协定的涌现与全球价值链相关，全球价值链既是原因，也是结果。关税和非关税壁垒显然不利于跨境生产的分割。尽管行业竞争力、技能和研发强度等因素也影响全球价值链参与，但深层贸易协定进一步促进了全球价值链中商品和服务的流动。如果一个国家想成为全球价值链的参与者，那么政府将会促进贸易，一旦进入全球价值链，政府将被游说进一步采取具体措施，促进贸易或改善营商环境。

2.6 结论

全球价值链参与的决定因素包括全球因素、国家因素，甚至是地方因素，这些决定因素随时间和产品而变化。贸易壁垒和国际贸易成本的减少推动了全球化发展。较低的贸易成本与资金、时间和不确定性有关，所有这些都对成功的全球价值链至关重要。与此同时，世界上只有少数国家参与全球价值链，这表明国家特征也是全球价值链参与的重要决定因素。这些特征不仅包括与贸易直接相关的方面，如港口基础设施，还包括制度和能力。

区域价值链的重要性是显而易见的，并且很容易解释。但是，一些更深层的问题仍然悬而未决。例如，是否存在这样一种顺序模式：国家先提升在区域价值链中的参与度，当具备足够的竞争力之后，再向全球价值链迈进？一个政策问题是区域价值链或全球价值链是否提供了更好的升级机会。遗憾的是，这方面的相关证据仍未确定。如果贸易成本继续下降，特别是能更好地使用虚拟面对面交流的手段来解决问题，那么区域价值链和全球价值链之间的区别可能会变得模糊。[1]

最后，决定因素的异质性不可避免地限制了全球价值链参与的宏观解释。随着投入产出数据库的改进，宏观分析加深了我们的理解。行业层面或企业层面的微观分析，可以作为补充（见第二部分）。在转向微观视角之前，我们要先审视全球价值链参与结果的宏观证据。

---

1 中欧自2011年以来发展铁路服务的推动因素是，主要的汽车和电子企业连接其欧洲和亚洲价值链，欧盟的汽车制造商将组件发往位于中国的合资工厂，电子企业将笔记本电脑和打印机从中国发往欧盟的分销中心（Pomfret，2018）。

第 3 章

全球价值链参与的结果

本章从参与全球价值链的低收入和中等收入亚洲国家的角度评估全球价值链参与的结果。其中一些结果或是显而易见的，或遵循前一章的分析，或源于全球价值链的不断扩展，以及各国加入全球价值链或在价值链上升级的努力。一国参与全球价值链为其国内创造了就业机会和增加值，但是有必要探讨这是增加值还是有挤出效应，即长期经济绩效的政策空间缩窄或路径依赖问题。一个重要问题关系到在全球价值链中升级的可能性，即当一个国家的生产者以利用低工资、非熟练的劳动力执行低增加值任务的方式进入全球价值链时，是什么决定了它们能否成功提高技能水平、转向更高增加值的活动？

本章第 1 节探讨了与更直观的经济绩效指标（如收入和就业）有关的证据；第 2 节重点关注结构变化；第 3 节阐释了参与全球价值链的环境影响。

3.1 全球价值链参与和经济绩效

控制国家和行业特征时，一个常见的实证结果是，无论是发达国家还是发展中国家，全球价值链的参与度都与国内部门的增加值增长正相关。发达国家的相关性更强，但发展中国家的相关性在统计上也是显著的。[1] 无论是发达国家还是发

---

[1] 例如，参阅 Zhao 等（2018）背景论文中的表 1 和表 2。

展中国家，复杂的全球价值链与制造业增加值增长之间的相关性都更强。由于存在潜在的内生性问题，这些结果可能并不表明存在强烈的因果关系，但它们确实表明了全球价值链参与和经济增长之间的相关性，以及发达国家和发展中国家所受影响的差异。Kummritz（2016）估计，全球价值链参与度每增加1%，会使国内增加值增长0.1%~0.6%，使劳动生产率增长0.3%。

最近的一些研究调查了融入全球价值链是如何与升级相关的。Lopez Gonzalez（2016）根据出口的国内增加值，评估了全球价值链升级的决定因素，重点研究对象是东南亚经济体。他发现，外国增加值的使用补充了出口的国内增加值（而非替代），而且与外国制造业增加值相比，外国服务业增加值对出口的国内增加值产生了更大的影响。这对制造业尤其有利，因为与国内服务业增加值相比，外国增加值对出口的国内制造业增加值的影响更大。

Kummritz等（2016）以国内增加值为经济升级的衡量指标，探讨政策因素与全球价值链参与在促进经济升级时的相互作用。不出所料，他们发现，连通性、教育和技能以及标准等因素，与前向关联中的国内增加值存在更强的相关性，强于后向关联。

随着一个国家劳动力技能水平的提高，通过为制造业出口贡献更多的国内增加值（包括服务业增加值），以牺牲后向关联为代价，前向关联得以加强，且在价值链上实现升级。一些研究发现，以人均GDP指标衡量的发展水平更高的国家往往具有更少的后向关联，也反映了这一点。

3.2 全球价值链参与和结构变化[1]

随着各国在不同程度上进行工业化，亚洲地区在过去50年中实现了重大的结构性转型。总体来看，这些结构性发展遵循一种常见模式：制造业的增加值占比

---

[1] 本节主要以Stöllinger（2018）的背景论文为依据。

和人均收入之间存在倒 U 形关系。在东亚和东南亚，向制成品生产的转型，在发展过程中出现得相对较早。例如，在中国，制造业的增加值份额在 1980 年左右达到最大值，此后一直保持不变或略有下降。在发展过程的后期，随着服务业重要性的增加，制造业份额减少，但是与 1995～2011 年期间的全球平均水平相比，亚洲制造业份额的下降相对温和。

在评估低收入或中等收入国家的结构变化时，制造业的增加值份额是一个有用的绩效指标。它依据的假设是：由于制造业生产率增长更快，制造业成为增长的主要动力。图 3-1 支持了这一假设：与中等收入的东南亚国家和较贫穷的南亚国家相比，高收入和增长最快的亚洲经济体（日本、韩国和中国）的制造业份额更高。

图 3-1 部分亚洲国家的制造业份额（1970～2014 年）

中国、日本和韩国

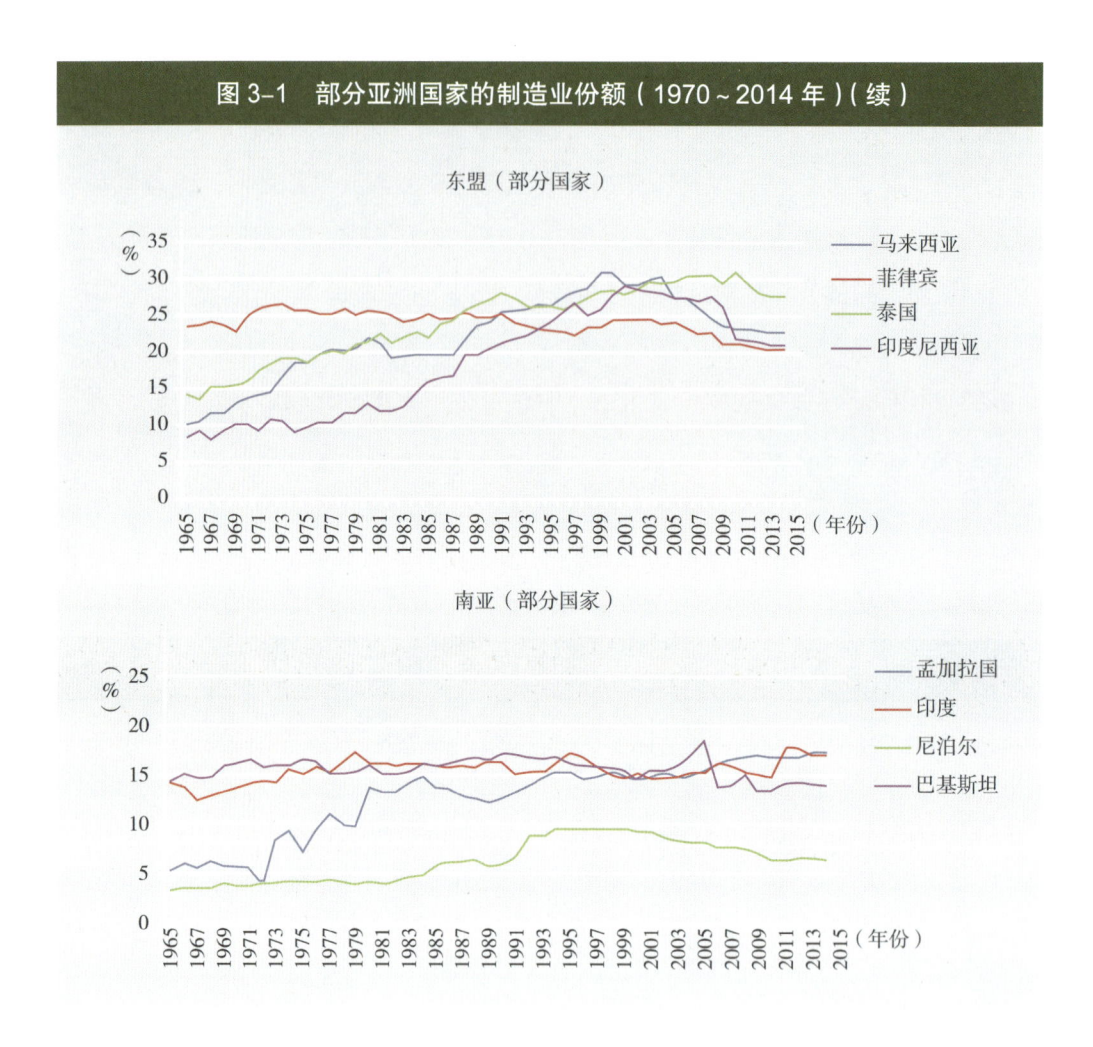

图 3-1 部分亚洲国家的制造业份额（1970~2014 年）（续）

东盟（部分国家）

南亚（部分国家）

资料来源：Stöllinger（2018）根据世界银行（2017）的资料编写的背景论文。

1995~2011 年，从制造业在 GDP 中占比的变化来看，经合组织投入产出表包括的 14 个亚洲经济体中，有 10 个经济体的变化大于世界平均变化（见图 3-2 竖线右侧的国家）。图 3-2 中横线表示 1995 年全球平均制造业份额，10 个亚洲经济体（与之前的 10 个经济体不完全相同）位于这一全球参考线之上，大多数南亚和东南亚经济体在 1995 年时制造业份额已相对较高。包括中国大陆在内的 7 个经济体兼具两个特点：1995 年制造业份额较高，而且 1995~2011 年，该份额的增幅大于全球平均水平。在亚洲，制造业份额的下降大于全球平均下降幅度的

图 3-2　部分亚洲经济体1995年的制造业份额以及1995～2011年的制造业份额变化

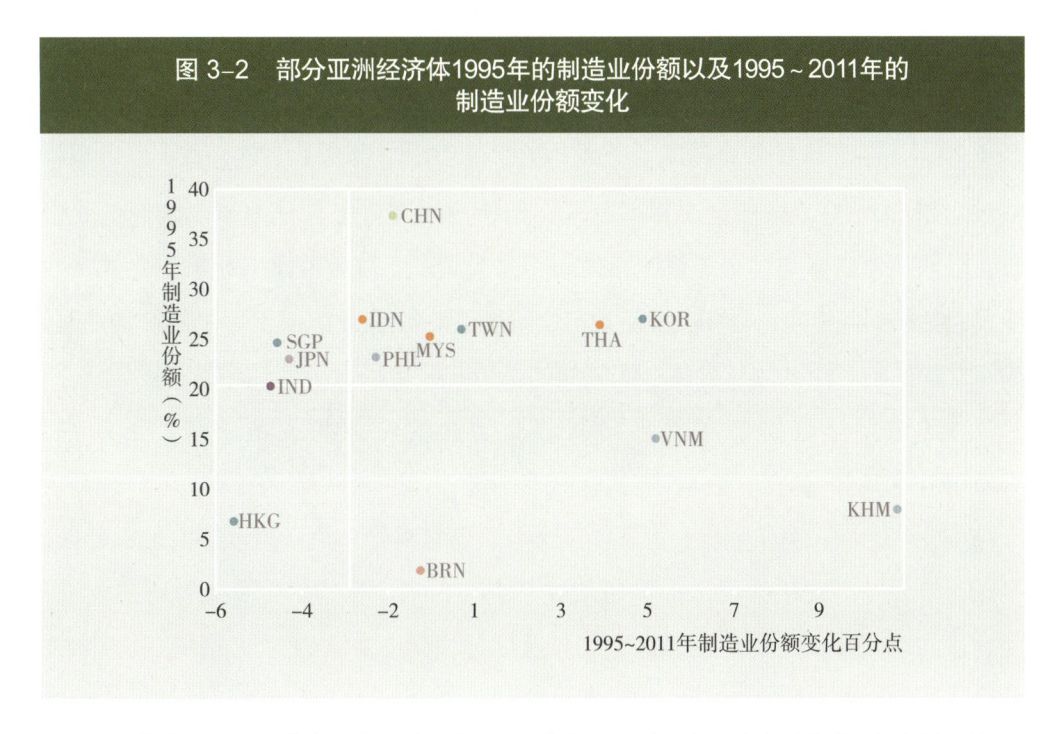

[图表：纵轴为1995年制造业份额（%），横轴为1995~2011年制造业份额变化百分点。数据点包括：CHN（约-2, 37）、SGP（约-5, 25）、JPN（约-4.5, 24）、IND（约-4.5, 20）、IDN（约-2.5, 26）、PHL（约-2, 23）、MYS（约-1.5, 23）、TWN（约1, 26）、THA（约4, 25）、KOR（约5, 26）、VNM（约5, 15）、HKG（约-5, 7）、BRN（约0, 2）、KHM（约10, 7）]

注：颜色代码：深紫色＝南亚（印度）；深蓝色＝亚洲四小龙（中国香港、新加坡、韩国、中国台湾）；橙色＝东盟第1批（印度尼西亚、马来西亚、泰国）；淡蓝色＝东盟第2批（柬埔寨、菲律宾、越南）；粉色＝其他（文莱）。

资料来源：Stöllinger（2018）根据经合组织国家间投入产出数据库撰写的背景论文。

经济体，只有东亚的高收入经济体（日本、新加坡、中国香港）和印度。在此期间，柬埔寨（从极低的水平开始）、越南和韩国经历了有利于制造业的最大结构变化。

为分析全球价值链与结构变化之间的关系，Stöllinger 推导出全球价值链参与的一种综合测量指标，大致相当于对经合组织国家间投入产出表中的后向和前向参与指标求和。亚洲经济体在加强全球价值链参与方面，可以分为两大类。第一类包括日本、韩国、中国台湾、中国大陆和泰国等经济体，它们的全球价值链综合参与度指标在 1995～2011 年持续增加；第二类包括马来西亚、印度尼西亚、菲律宾和越南等许多东盟国家，它们的全球价值链综合参与度指标在 2000～2005

年似乎已达到顶峰。[1]

制造业的结构变化与全球价值链参与之间的关系，从全球来看，是正相关的。Stöllinger 的估计系数表明，全球价值链参与度每提升 1 个百分点，制造业份额就会增加 0.1%。虽然这个影响不大，但考虑到有许多其他因素影响制造业份额，全球价值链参与的全球影响相对较小是合理的。决定制造业份额变化的其他变量包括初始制造业份额和实际汇率，初始制造业份额越大，当人均 GDP 增加时，制造业份额的下降就会越显著；而高估的货币一般会阻碍可贸易商品的发展。[2]

为了说明全球价值链参与与制造业份额变化之间关系的潜在异质性，Stöllinger 引入了全球价值链参与指标与亚洲经济体的交叉项。结果表明，在制造业结构变化方面，有 4 个东亚经济体从全球价值链参与中更多地获得收益：韩国、泰国，以及（在较小程度上的）新加坡和中国台湾。还有两个令人惊讶的发现。第一，马来西亚的全球价值链综合参与度指标和制造业结构变化之间存在负相关关系，其制造业份额在 1995~2010 年从 25.3% 略降至 24.9%，而其全球价值链参与度相对较高（2010 年为 44%），但自 2000 年起稳步下降。第二，中国大陆的制造业结构变化并未从全球价值链参与度的提高中获益；如果有影响，那就是全球价值链综合参与度对结构的影响为负。

不同国家受到的影响，因全球价值链参与指标而异。中国大陆通过前向生产参与加强了制造业，而后向生产参与则削弱了制造业。泰国、马来西亚、越南和印度的前向参与也为制造业份额提供了积极的推动力。由于日本制造商从日益增加的国外投入中获益，后向参与有助于弱化日本在 1995 年至 2010 年间经历的与制造业相关的负面结构变化。对于中国台湾、菲律宾，尤其是中国大陆而言，更高的后向参与度与制造业份额的下降有关。只有韩国和泰国，在使用所有 3 种全球价值链参与的度量指标时，结果都表明生产一体化对制造业结构变化产生持续

---

[1] 这可能对越南有误导性。第二部分的微观分析表明，一家从 2009 年开始运营的企业产生了巨大影响，而这种影响在止于 2011 年的分析中可能无法体现。

[2] 初始的人均 GDP 在统计上也是显著的，这可能是因为在日益开放的经济体中国内需求条件的重要性降低，或者随着收入的增长，经济越来越多地转向服务业，这意味着人均 GDP 与制造业增加值份额之间存在负相关关系。

积极的影响。

考虑由单位价值比率代表的价值链内的产品质量维度，并不影响全球价值链参与对制造业结构变化的主要作用；然而，从制造业活动占 GDP 份额增加的角度看，专注于高质量环节的国家从后向生产参与中获益更多，而在全球价值链低质量环节运营的国家，从前向生产参与中获益相对较多。从事高质量的生产意味着经济实力更强。在此情况下，离岸外包可释放国内资源，将其转移到制造业其他增加值更高的活动中，同时从低收入经济体提供的廉价投入中获益。相反，在低质量环节运营的国家缺乏这种灵活性，因此向国外转移增加值活动也可能减少国内制造业份额。这些国家从前向参与中更多地获得收益，因为这能使它们在国际市场上出售国内增加值。

从区域价值链和全球价值链的角度，可以对全球价值链参与进行另一种区分。Stöllinger 发现，对制造业份额的积极结构性影响是通过全球价值链参与的区域外要素实现的。结果显示，影响制造业结构变化的是全球价值链而非区域价值链，这在一定程度上可能因为：一个国家中只有生产率最高的企业才能参与区域外贸易。同时，这与"全球价值链主要是区域性的"经验事实不符。这一结果不如其他结果稳健，可能是研究期间的一种假象，在研究期间，区域价值链已经很好地建立起来，而区域外价值链刚出现增长势头。一种实质性解释是，与区域内贸易相比，样本经济体的区域外全球价值链贸易是与更多高收入经济体之间的贸易，并且在区域外价值链中，技术溢出效应可能更高，从而对制造业结构变化产生积极影响。

在纺织品和服装、电子和汽车的行业层面进行了类似的分析。[1] 在行业层面上，全球价值链指标无法识别出较强的结构性影响，而且没有一致性的结论。国际投入产出数据和衍生指标不够精确，无法揭示细分的行业层面的结构性影响。在各个行业层面，企业数据和案例研究更适合分析全球价值链参与的影响。

---

[1] 就汽车业而言，国家的结构变化效应仅在韩国和泰国是正向的。这说明，尽管汽车业是创建全球价值链的领导者，但汽车业的全球价值链在亚洲的影响极不均衡。在第二部分的行业分析中，我们将重点探讨全球价值链的另外两个主要行业，即服装和电子行业。

从异质结果中得出的主要政策结论是，全球价值链为提高制造能力提供了更多的机会。同时，决策者不能理所当然地认为参与全球价值链会自动带来这种变化，因为结果取决于各国在全球价值链中的地位以及产品的质量。

3.3 全球价值链与环境

了解一个国家参与全球价值链如何影响环境，以及环境法规和政策如何影响国家参与全球价值链及企业在全球价值链中的活动，对经济和气候变化相关的政策制定及商业实践都很重要。随着越来越多的国家加入全球价值链，与全球价值链活动有关的温室气体排放和污染迅速增加。通过国际贸易实现的二氧化碳排放转移从1990年的4亿吨增加到2008年的16亿吨，超过了《京都议定书》规定的减排总量（Peters等，2011）。

Meng和Tang（2018）的背景论文采用了基于全球价值链的核算框架来分析中国的二氧化碳排放与国际贸易之间的演化关系。他们的主要发现和政策启示是，为成功实现全球减排目标，必须采取措施遏制通过全球价值链不断增加的碳泄漏。

帮助发展中国家就自我责任的排放设定适当的排放峰值目标，是抑制全球碳排放快速增加的建设性途径。国际社会就气候变化的"共同但有区别的责任原则"（CBDR）达成了共识。然而，如何确保该原则的有效实施仍面临挑战，特别是在处理气候变化的历史责任方面（与西方国家工业化时代产生的二氧化碳排放累积有关）。先就控制自我责任的排放（即在一国内部产生的、满足国内最终需求、不涉及全球价值链框架下的任何国际贸易的排放）达成共识可能更容易。在过去20年中，发展中国家的此类排放迅速增加。

Meng和Tang（2018）的背景论文采用了扩展的中国投入产出表（报告企业所有制和规模），确定了减少中国碳排放的目标企业和目标行业。他们的分析表明，2010年中国出口隐含的排放中，有54%是由外资企业在其全球价值链中产生的，但这些排放最大的上游来源是大型发电厂和生产非金属矿产品的中小企业。

最近，尤其是自 2013 年以来，中国已通过采取更加市场化的价格、引入将环境破坏（由经济活动引起）内部化的税收，来解决这个问题。Meng 和 Tang（2018）的结论，对于参与全球价值链的发展中国家仍然十分重要。

3.4 结论

虽然宏观数据有助于加强和拓展我们对全球价值链参与决定因素的理解，并使我们在一定程度上对全球价值链内的升级有所了解，但在分析全球价值链参与的结果时，宏观数据结论的一致性较差。全球价值链参与对就业和 GDP 的影响较为明显，研究结论与上一章相同。全球价值链参与对工业化的影响，则更为复杂一些，取决于初始国内条件的组合，以及前向和后向关联的平衡。分析环境影响给我们的有益提醒是，负面的环境影响可能来自全球价值链中生产者的投入结构，而不是直接来自全球价值链贸易。

考虑到当前可用的投入产出表的行业覆盖面，全球价值链参与的许多结果都需要更加细分层面上的分析，无法通过宏观分析实现。宏观数据不太适合回答一些重要问题，如全球价值链产生的经济增长的包容性，或全球价值链参与的性别问题，因此，第二部分将使用微观数据来解决这些问题。

第二部分

企业视角的全球价值链参与和升级

全球价值链与工业发展

来自中国、东南亚和南亚的经验

第 4 章　全球价值链参与和结果的国家异质性　049
 4.1　中国、印度和越南的企业数据集　050
 4.2　中国　053
 4.3　印度　055
 4.4　越南　056
 4.5　结论　057

第 5 章　全球价值链参与和结果的行业异质性　059
 5.1　服装业全球价值链　059
 5.2　电子行业全球价值链　062
 5.3　中国的服装和电子行业全球价值链　066
 5.4　印度的服装和电子行业全球价值链　072
 5.5　越南的服装和电子行业全球价值链　078
 5.6　结论　083

第 6 章　全球价值链参与的决定因素：企业层面的证据　085
 6.1　贸易相关的决定因素、要素禀赋和成本　086
 6.2　基础设施和制度　087
 6.3　技能、工业能力和所有制　088
 6.4　地理位置决定因素及其对贸易格局的影响　089

第 7 章　全球价值链参与的结果：企业层面的证据　093
 7.1　产量、就业、工资和生产率　093
 7.2　技术转移和生产率　095
 7.3　企业社会责任　097

第 4 章

全球价值链参与和结果的国家异质性

本书第一部分从宏观角度强调了与全球价值链有关的 5 点重要信息:

1. 全球价值链是全球经济的一个重要组成部分,而且重要性不断增加;
2. 全球价值链的参与取决于低贸易壁垒和低贸易成本,但也取决于国内条件;
3. 全球价值链是区域性而非全球性的,"亚洲工厂"就是典型例子;
4. 参与全球价值链增加了收入和就业,而且是结构变化的推动因素;
5. 如果参与全球价值链需要更宽松的环境保护法,那么参与全球价值链可能会产生不良的环境影响。

这些信息十分稳健。宏观分析强化了现有认知,尤其是前 3 点信息;同时,也有新发现,特别是第 2 点、第 4 点和第 5 点,但是有时国家或行业的异质性会削弱研究发现的普遍适用性。

关于全球价值链对收入的长期影响,存在一些争议。长期影响取决于一国在全球价值链上升级的能力。使用投入产出的宏观数据,无法轻易解决这个问题。本书第二部分使用企业数据,加深人们对全球价值链参与的决定因素和影响的理解,对宏观数据的结果进行了补充。这一部分探究了在宏观层面难以分析的包容性增长或性别影响等问题。全球价值链存在行业异质性,这是需要用微观证据来补充宏观分析的另一个原因。第二部分主要关注亚洲在全球价值链中最活跃的两个行业:服装和电子行业。

21世纪国际贸易理论的一个特点是,越来越强调企业层面的分析。这背后的实证研究结果是:即使在比较优势或比较劣势突出的地区,也并非所有企业都出口,也不是所有企业都不能与进口商竞争。效率更高的企业更有可能出口,出口企业往往更有效率,但是因果关系的方向存在争议。[1] 从宏观分析中可以清楚地看出,不同行业的全球价值链参与和影响存在差异,更细层面的企业数据可以进一步观察这种差异。

为解决企业异质性的问题,本项目汇总了基于中国、印度和越南的大规模企业数据集得出的结论。本章比较了这三国的数据和全球价值链结构,重点关注服装和电子行业的全球价值链参与及结果的行业差异。除了企业数据集之外,第二部分其他章节还对参与全球价值链的个别企业进行案例研究,作为补充。

中国和印度是世界上的人口大国,如第一部分所述,两国都在全球价值链中发挥了作用。然而,它们在全球价值链中的经历却截然不同。中国在亚洲全球价值链的发展中发挥了重要作用,无处不在的"中国制造"标签体现了这一点;而印度是后来者,它专注于设计和其他服务业而非制造业。越南是最近活跃起来的全球价值链参与者,外国投资者在其中扮演了重要角色。虽然不同国家的企业样本量不可避免地存在差异,但企业数据的好处是可以显示全球价值链参与及其结果的国家差异和共同特征。

4.1 中国、印度和越南的企业数据集

中国、印度和越南都有很好的企业数据。数据集并不包含全球价值链参与的直接信息,研究人员必须构建全球价值链变量。通常是根据一定的客观标准,将全球价值链参与者按参与度分为高、中、低三类。越南的企业数据集最小,但它是专门设计的,用于解决全球价值链相关问题,同时区分全球价值链对国内企业

---

1 Melitz 和 Redding(2014)综述了异质性企业的文献。

和外资企业的影响差异。

中国的企业数据集包括40828家外贸企业和37508家非外贸企业。[1] Girma（2018）背景论文的计量分析使用了匹配企业的子样本，确保2002~2005年期间子样本企业的所有用于计量分析的变量都有数据。数据清理之后，共有48842家企业，其中12966家参与某种形式的出口活动；匹配企业的出口额约为520亿美元，进口额约为450亿美元，约占记录的贸易总额的30%，而且在2005年雇用了2300万人。Girma区分了一般出口和加工出口，后者代表参与了全球价值链；而且，加工出口在企业总出口中的占比，决定了企业是中等程度的加工出口商、高等程度的加工出口商，还是100%的加工出口商（见表4–1）。

表4–1 全球价值链参与度的界定——中国的企业研究（Girma，2018）

企业直接出口？		出口类型		企业类型	
		一般出口	加工出口	参与全球价值链	全球价值链参与的类型
	是	100%	0	否	仅一般出口
		50%~99%	1%~50%	是	中等程度的加工出口商
		1%~50%	50%~99%	是	高等程度的加工出口商
		0	100%	是	100%的加工出口商
	否	—	—	否	—

印度的企业数据集比中国的小，约有1.2万家大中型企业，但跨越的时间更长，即从20世纪80年代后期开始的25年。[2] 印度的数据集不包括直接的全球价值链变量。Meyer（2018）与Aggarwal和Steglich（2018）的背景论文使用了基于贸易比率和投资联系的全球价值链参与度（高、中、低）分类系统（见表4–2）。

---

1 该数据集有两个来源：中国工业企业普查数据库（CASIF）提供的企业生产数据和中国海关贸易数据库（CCTS）提供的交易层面的贸易数据。这两个数据来源在2002~2005年能联系起来。
2 数据来源是印度经济监测中心（CMIE）收集的Prowess数据库。Prowess数据库包含的信息主要来自上市企业的损益表和年度报表。数据期为1989~2013年，提供了一组大中型制造业企业的详细企业信息（占印度正规工业部门经济活动的70%左右）。

表 4-2 全球价值链参与度的界定——印度的企业研究（Meyer，2018）

			不使用进口投入	少量使用进口投入（< 投入的 1/3）	大量使用进口投入（> 投入的 1/3）
企业是外资控股企业，海外企业控制多数股权的企业，或是国际化导向的企业集团的一部分？	是	不出口	低	低	中
		出口比例低（< 销售额的 2/3）	低	低	中
		出口比例高（> 销售额的 2/3）	中	中	高
	否	不出口	不参与全球价值链	有限	低
		出口比例低（< 销售额的 2/3）	有限	有限	低
		出口比例高（> 销售额的 2/3）	低	低	中

对于越南，联合国工业发展组织在 2010 年收集了 9 个省的 1493 家外资企业和国内企业的样本。与中国和印度的数据相比，越南的工业投资调查包含了企业国际化战略（通常与全球价值链参与有关）的详细信息，如零部件进口、中间产品或成品出口、外资企业和国内企业的外包和后向关联。因此，与中国和印度企业研究中的类似分类相比，Coniglio（2018）的背景论文对全球价值链参与度的分类（高、中、低或无）更接近全球价值链的相关标准，分类更准确（见表 4-3）。越南的数据还有一个不同之处在于，它是根据全球价值链问题定制的调查，不具有全国代表性。9 个选定的省份是越南最具活力的省份，外资企业（定义为 10% 或更多的股权属于外国所有者的企业）的权重大于越南 2009 年经济普查时的权重。[1] 但越南数据涵盖的问题范围允许我们在第 7 章中对性别和环境问题进行深入的分析。

---

[1] 在 1426 家制造业企业中，有 836 家是外资企业，590 家是国内企业。Coniglio 提醒，越南有一个庞大的非正规工业部门；被调查的企业都属于正规部门，而且规模相对较大，国内制造业企业平均有 425 名员工，外资制造业企业有 708 名员工。

表 4-3　全球价值链参与度的界定——越南的企业研究（Coniglio，2018）[1]

企业是跨国公司的长期供应商吗？			大量使用本地采购的投入（>总成本的1/3）	少量使用本地采购的投入（<总成本的1/3）	
				少量使用进口投入（<投入的2/3）	大量使用进口投入（>投入的2/3）
	是	出口比例低（<销售额的2/3）	高	低	低
		出口比例高（>销售额的2/3）	高	低	中
	否	出口比例低（<销售额的2/3）	不参与全球价值链	低	低
		出口比例高（>销售额的2/3）	高	低	中

总之，这三国的数据集，在样本量、抽样标准、数据期、涵盖的问题以及全球价值链参与的类别方面，存在差异。所以，必须谨慎看待数值结果的直接比较。尽管如此，这三个企业调查数据的质量都比较高，而且很详细，可以进行比第一部分更精细的分析。

4.2　中国

在 20 世纪末和 21 世纪初，中国贸易和工业发展政策的核心是对进口的中间投入品进行加工，然后再出口。通过对进口的中间投入品实行免税，鼓励了加工

---

[1] Coniglio（2018）的背景论文中的分类系统与中国和印度研究中使用的不同，最明显的是包括与跨国企业的关系，因此全球价值链参与度"高"可能表明它是跨国企业的长期供应商。Tusha 等（2018）的背景论文有不同的侧重点（国内企业和外资企业之间的联系），其对于参与全球价值链的企业，使用了一个更简单的定义，即既进口又出口的企业是全球价值链企业。这些差异反映了定义"全球价值链"的难度，以及各国的模式可能有所不同，如与印度相比，外商直接投资在越南发挥的作用更大。

出口，而且有利于外国附属企业的发展。这是因为当时外商直接投资被视为贸易引擎和技术转让渠道，在1978~1979年改革后的25年中尤为如此。Sourafel Girma（2018）的背景论文量化分析了不同程度的全球价值链参与对企业绩效的影响，包括就业、工资、销售和全要素生产率增长。

Girma所用的数据，是匹配了2002~2005年期间中国企业和海关交易层面的数据。Girma将企业分为三种程度的全球价值链参与者、一般出口商和没有出口活动的企业对照组（这代表如果全球价值链企业没有参与任何形式的出口活动的反事实结果）。在样本期间，20%~24%的被调查企业参与了某种形式的全球价值链活动，大多是对进口投入品进行加工，然后出口。

区位是重要的。从比例上看，在没有出口加工区的省份，非全球价值链企业更常见。这表明，在分析全球价值链参与的决定因素时，必须考虑特区这一指标，但是需要注意不要将特区的存在与其他有利的位置特征（如位于沿海省份）相混淆。

企业所有制也扮演重要角色。私营企业占非全球价值链企业的71%以上，而从事100%出口加工的企业中，有90%以上是外资企业或外国附属企业。对于全球价值链的参与，外资所有制在经济上和统计上都是重要的决定因素。

全球价值链参与和生产率之间的关系很复杂。在全球价值链企业中，出口加工密集型企业往往属于中低技术产业，而在2002年，从事100%出口加工的企业的生产率水平最低。[1] 总体而言，全球价值链参与度与全要素生产率之间的关系并不显著，但成为一家100%出口加工企业对全要素生产率的边际影响是负的。当考虑行业条件时，与全球价值链企业相比，非全球价值链企业的平均规模更小、生产率更低、杠杆率更高。

从不同程度参与全球价值链的企业的结果变量的简单描述性统计来看，全球

---

[1] 该结果再现了Dai等（2016）的研究结论。Dai等（2016）使用了2000~2006年的企业调查数据，发现从事出口加工的企业的生产率极低。他们的结论是，对投入品免征关税，享受所得税减免，促进了出口加工。他们还发现一种动态效应，即简单加工可能是企业要经历的入门级出口，但是很难用他们的短期数据和Girma的数据来检验这一假设。

价值链企业在就业、工资和销售增长方面的表现明显优于非全球价值链企业。就全要素生产率增长而言，只有从事一般出口的企业的平均增长率为正；但是分位数分析显示，中等和高等程度的加工出口企业，其全要素生产率受到的影响是有利的，特别是在全要素生产率增长分布的较低端。但是，应谨慎对待这种无条件关系，因其受到与全球价值链参与无关的很多因素的影响。多变量分析强化了这里观察到的一些描述性统计结果，具体将在第7章讨论。

4.3　印度

印度企业参与全球价值链的证据很少。Meyer（2018）与 Aggarwal 和 Steglich（2018）的背景论文都使用了 Prowess 数据库。Goldberg 等人使用该数据库，在2010年发表了两篇文章，证明了获得资本和获得进口投入品在解释印度企业成功业绩方面的重要性。然而，这种成功一般不是在全球价值链内部获得的。

背景论文使用企业出口/销售比率和进口/销售比率，以及外国投资联系的数据，将企业的全球价值链参与度分为高（满足所有3个标准）、中（满足3个标准中的2个）、低（满足1个）三类，而不满足任何标准的企业，要么是有限的全球价值链参与者，要么是非全球价值链企业（见表4-2）。Aggarwal 和 Steglich 指出，在被调查的企业中，只有4%的企业为高等或中等参与度。Meyer 分析了行业分布，在服装和皮革、电子和汽车行业中，有15%以上的企业属于高等和中等全球价值链参与者。根据第一部分有关全球价值链行业集中度的结论，这种分布并不令人惊讶，但是汽车行业的企业样本量很少（13家企业）。这一发现使得我们更加坚定地选择电子和服装行业，在本报告的后续部分进行更详细的行业层面分析。

关于印度的背景论文最突出的结果，是将全球价值链参与和体现竞争力或创新的变量以及规模联系起来。因果关系的方向很难理清。Aggarwal 和 Steglich 认为，生产率更高的企业更有可能参与全球价值链。Meyer 提供了全球价值链参与引发流程和产品创新的证据。总体印象是，在一个大多数企业仍处于全球价值链参与早期阶段的国家，全球价值链作为一个选项，帮助了更有活力的企业，还可能提高它们的竞争优势。这与中国的研究发现相反，即出口加工企业往往生产率较低，而且与较低程度的出口加工参与者或一般出口商的生产率表现相比，纯出口加工企业参与全球价值链对生产率的影响是负面的。[1]

4.4 越南

与中国相比，越南融入全球价值链的时间较晚，而且外国投资者发挥了更显著的作用。为了应对中国不断增加的成本，在一些情况下，外国投资者将生产活动从中国转移到了越南。联合国工业发展组织的调查凸显了越南企业的两极现象：要么参与全球价值链的程度很高，要么从不参与全球价值链。Coniglio 发现，越南有 21% 的国内企业和 41% 的外资企业有高等或中等的全球价值链参与度，而 64% 的被调查国内企业和 27% 的外资企业没有参与全球价值链。

Coniglio 的研究结果主要与经营规模和所有权国籍有关。参与全球价值链的越南企业，特别是外资企业，比非全球价值链企业规模大。与非全球价值链企业相比，全球价值链企业提供了更多的就业岗位，但工人的生产率更低，平均工资也更低；这主要是由于越南全球价值链活动的资本密集度和技术密集度较低。与其他国家一样，高等和中等的全球价值链参与度在纺织、服装和皮革业及电子行业的企业中最常见，但是全球价值链参与的性质（如后向或前向关联、区域价值链或全球价值链）因行业而异。[2]

---

1 Dai 等（2016）的文章描述了类似的结果。
2 在越南的木材、木制品和家具行业中，也有几十家全球价值链参与度较高的企业。

4.5 结论

企业数据凸显了全球价值链参与的决定因素和结果的国别差异。

全球价值链现象在中国表现得尤其突出,特别是自世纪之交以来,但这其中很难分离出政策的影响。然而,鼓励全球价值链参与的政策似乎取得了成功,在 21 世纪初,全球价值链企业在就业、工资和销售增长方面的表现明显优于非全球价值链企业。研究结果表明,如果以更高的工资或企业销售额来衡量,至少在 2001 年加入世界贸易组织后的几年中,中国的政策取得了巨大的成绩。

在印度,企业数据的一个显著特征是,很少有制造业企业融入全球价值链中。行业分布显示出巨大的差异,服装和皮革、木制品和家具、电子和汽车行业的企业,参与全球价值链的程度更高,但是汽车行业的企业样本量非常少。生产率更高的企业更有可能参与全球价值链,而且有证据表明参与全球价值链引发了流程创新和产品创新。在一个大多数企业仍处于全球价值链参与早期阶段的国家,全球价值链这个选项帮助了更有活力的企业,还可能提高了它们的竞争优势。这与中国的研究结果相反,即出口加工企业往往从事生产率较低的活动,而且很难理清对生产率的影响。

越南的全球价值链参与与印度相比更显著,但起步时间比中国晚得多。推动越南参与价值链的是,2001 年与美国的贸易正常化,以及 2007 年加入世贸组织。全球价值链企业提供了更多的就业岗位,但与非全球价值链企业的工人相比,全球价值链企业的工人生产率更低,平均工资也更低;这主要是因为越南全球价值链活动的资本密集度和技术密集度较低。与其他国家的情况一样,高等和中等的全球价值链参与度在纺织、服装和皮革业以及电子行业的企业中最常见。当地条件是全球价值链参与者选址的重要决定因素,但是与中国不同,越南政府为工业和出口加工区的投资者提供的一揽子激励措施仅在吸引企业方面发挥了有限的作用。越南在全球价值链中的角色,主要是劳动密集型装配,在所有行业中都是如此。越南的数据侧重于外国全球价值链参与者和国内全球价值链参与者之间的关系，这在技术转让、技能升级或出口市场准入等领域非常重要，这些因素可能成为全球价值链后来者的潜在障碍。越南的企业分析强化了第一部分的研究结论，即国内条件（如过度的官僚主义和监管）在决定全球价值链参与度方面起到重要作用。

第 5 章
全球价值链参与和结果的行业异质性

全球价值链现象在各行业中的分布并不均匀。尽管在制造业、农业和服务业的几乎所有子行业中都能观察到全球价值链现象，但研究表明，服装、汽车和电子产品生产是现代全球价值链最先发展起来，同时也是发展最快的活动。与泰国、欧盟和北美相比，汽车业全球价值链在上一章的三个国家中发挥的作用相对较小。[1] 服装业和电子行业的全球价值链存在显著差异，差异源于生产的性质和无形活动的作用（如设计、品牌和营销），这两个行业的子行业的全球价值链特征也有所不同。

5.1 服装业全球价值链[2]

很大一部分服装生产活动（如裁剪、缝制和整理）是固定成本低、技术简单的劳动密集型活动，而纺织品生产活动的资本密集度更高而且具有规模经济。不同的要素比例解释了为何服装业是全球价值链的早期采用者，服装生产在 20 世纪 60 年代转移到低工资国家，而纺织品生产仍然保留在高收入或中等收入国家。

---

1 汽车和汽车组件全球价值链是东盟和东亚经济研究所（ERIA）与早稻田大学合作研究项目的主题，其中包括对中国（Li、Kong 和 Zhang，2015）、越南（Nguyen、Nguyen、Nguyen 和 Nguyen，2015）以及印度（Agustin 和 Schröder，2014）的研究。
2 本节基于 Frederick（2018a）的背景论文。

最初，高工资国家试图通过对使用来自进口国的投入品生产的进口商品征收特别关税来管制这一过程。此外，世界服装贸易还受 1974 年《多种纤维协定》的管制，从低工资国家进口要遵守该协定规定的一系列错综复杂的双边配额。随着世界贸易自由化，贸易谈判代表承认进行全球价值链贸易的微观管理存在很大困难，这种协定现在已经基本消失。[1]

如今，纺织品生产在很大程度上也从高收入国家转移，但这些国家的企业通过控制品牌和营销，在服装业全球价值链中保持了主导地位。服装（和纺织品）全球价值链的主要参与者可分为四类：（1）龙头企业——全球服装品牌、零售商或批发商；（2）一级供应商——服装的最终生产厂商和中间商；（3）纺织品供应商——纱线和面料生产商；（4）原料和辅助材料供应商。

主要生产阶段如图 5-1 所示。在产品开发、物流与采购、品牌与零售方面，龙头企业和一级供应商的安排存在一些制度上的差异。这些活动产生了大部分的增加值。[2] 生产商和原料供应商的收益不到零售价格的 30%。考虑到亚洲许多制造业务的地理位置，一级供应商在亚洲选址具有区位优势。例如，总部位于中国香港的利丰集团（Li & Fung）协调了大部分牛仔裤全球价值链中的生产。

2014 年，全球服装零售市场的总值约为 1.38 万亿美元。世界服装贸易自由化使进口需求快速增长，尤其是亚洲、拉丁美洲、中东和北非市场的进口需求，但是欧盟、北美和日本仍占 2014 年服装进口的 70%。在供给方面，2004 年《多种纤维协定》的终止导致生产国之间的竞争加剧，以及东亚和南亚的出口生产联合起来。2014 年世界服装贸易额达 4020 亿美元，其中中国的出口额为 1520 亿美元，高于 2004 年的 720 亿美元；孟加拉国的服装出口额从 2004 年的 80 亿美元增加到 2014 年的 290 亿美元，排在世界第三位，位于欧盟之后；越南是第四

---

[1] 乌拉圭回合多边贸易谈判规定在 10 年的过渡期内逐步取消《多种纤维协定》，该谈判于 1994 年结束，并建立了世界贸易组织。2001 年中国加入世贸组织的一份附属协议将从中国进口的过渡期延长到 2008 年。原产地规则中保留了微观管理的一些痕迹，例如，《北美自由贸易协定》的"从纱线开始"（yarn-forwarding）规则有利于美国从墨西哥进口使用美国纺织品生产的服装。

[2] 也是金融风险最大的领域，因为流行趋势的转变可能使零售商必须以打折销售来减少库存，而品牌也可能会过时。

图 5-1 服装业全球价值链

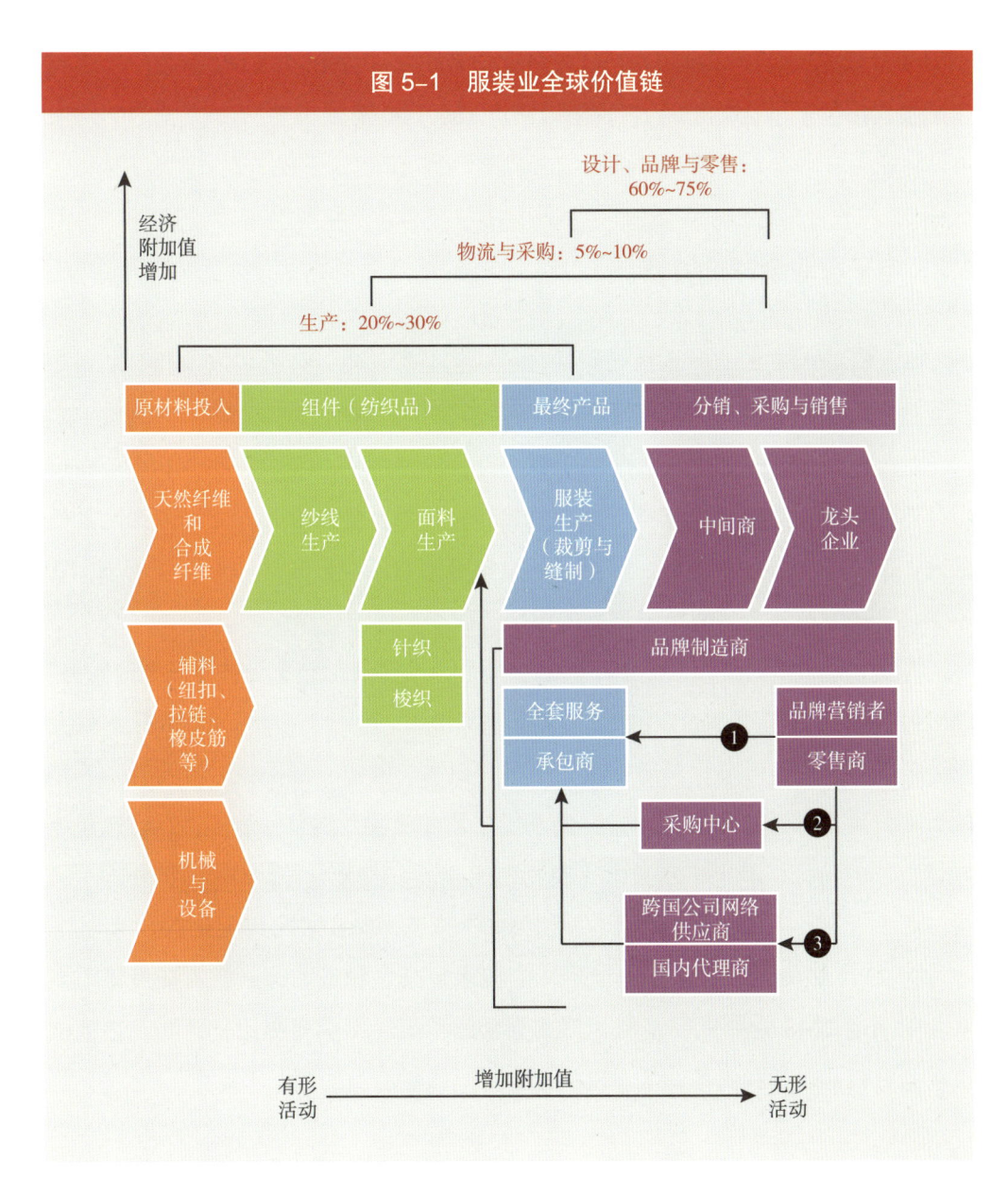

经济附加值增加 ↑

- 设计、品牌与零售：60%~75%
- 物流与采购：5%~10%
- 生产：20%~30%

价值链环节：原材料投入 → 组件（纺织品） → 最终产品 → 分销、采购与销售

- 天然纤维和合成纤维 → 纱线生产 → 面料生产 → 服装生产（裁剪与缝制） → 中间商 → 龙头企业
- 辅料（纽扣、拉链、橡皮筋等）
- 针织 / 梭织
- 机械与设备

品牌制造商

- 全套服务 / 承包商 ← ❶ ← 品牌营销者 / 零售商
- 采购中心 ← ❷
- 跨国公司网络供应商 / 国内代理商 ← ❸

有形活动 —— 增加附加值 →—— 无形活动

注：红色表示高增加值活动 + 价值链控制 / 管理权；百分比表示不同增加值活动在服装零售价中所占份额。

资料来源：Frederick（2018a）的背景论文。

大服装出口国，2014年的出口额达220亿美元，高于2004年的40亿美元；印度位列第六（位于土耳其之后），其出口额达160亿美元。

5.2 电子行业全球价值链[1]

电子行业由三类主要参与者组成：（1）龙头企业和一级供应商（面向非电子行业的最终用户）[2]；（2）合同制造商；（3）组件供应商。

龙头企业专注于营销、品牌、研究、设计和新产品开发。一些龙头企业自己组装产品，但在过去三十年一个很强的趋势是，龙头企业专注于无形的高附加值活动，而不必担心生产效率。苹果公司是电子消费品制造商的一个典型例子，它不参与产品制造，而是将苹果产品的组装工作委托给富士康公司。

物流、生产和测试活动需要不同的技能——这些通常被称为"电子制造服务"（EMS）。通过为一些龙头企业供货或专注于利基市场，合同制造商可以取得规模效益。

规模较大的组件公司总部多设在美国、日本、欧盟、韩国或中国台湾。它们的大部分生产都通过子公司、合资企业或分包在低收入国家和地区进行。这是半导体市场的特征，其中来自美国（英特尔、高通、美光、德州仪器）、韩国（三星、海力士）、中国台湾（台积电）和日本（东芝）的8家龙头企业2014年的总收入为2397亿美元。鉴于先进半导体的技术复杂性和成本，通常需要直接与龙头企业而非EMS企业进行谈判。与龙头企业和组件供应商相比，合同制造商的市场势力较弱，其利润率远低于龙头企业或一级供应商的利润率。

---

1 本节基于Frederick（2018b）的背景论文。
2 例如，汽车龙头企业越来越多地从少数一级供应商那里采购零部件，这些一级供应商包括德国的博世（Robert Bosch）或大陆（Continental）公司，日本的电装（Denso）或矢崎（Yazaki）公司，北美的麦格纳（Magna）或江森自控（Johnson Controls）公司，韩国的现代摩比斯（Hyundai Mobis）公司，以及法国的佛吉亚（Faurecia）或法雷奥（Valeo）公司。这些一级供应商在自己的供应商中组织全球价值链。日本电装（Denso）公司最初是丰田集团（Toyota Group）的一部分，其名称来源于"Den-Ki"（电气）和"So-Chi"（设备）这两个日语单词，但它如今不仅仅提供电子元件。

2014 年，三个主要的终端细分市场，即 3C——计算机、消费电子产品、通信与网络市场的市值超过 1 万亿美元。本项目重点关注 3C（通常指的是电子行业和 ICT 行业），而不分析其他最终用户（对于这类用户来说，电子投入品虽然重要，但不是主要组件）。3C 全球价值链如图 5-2 所示。

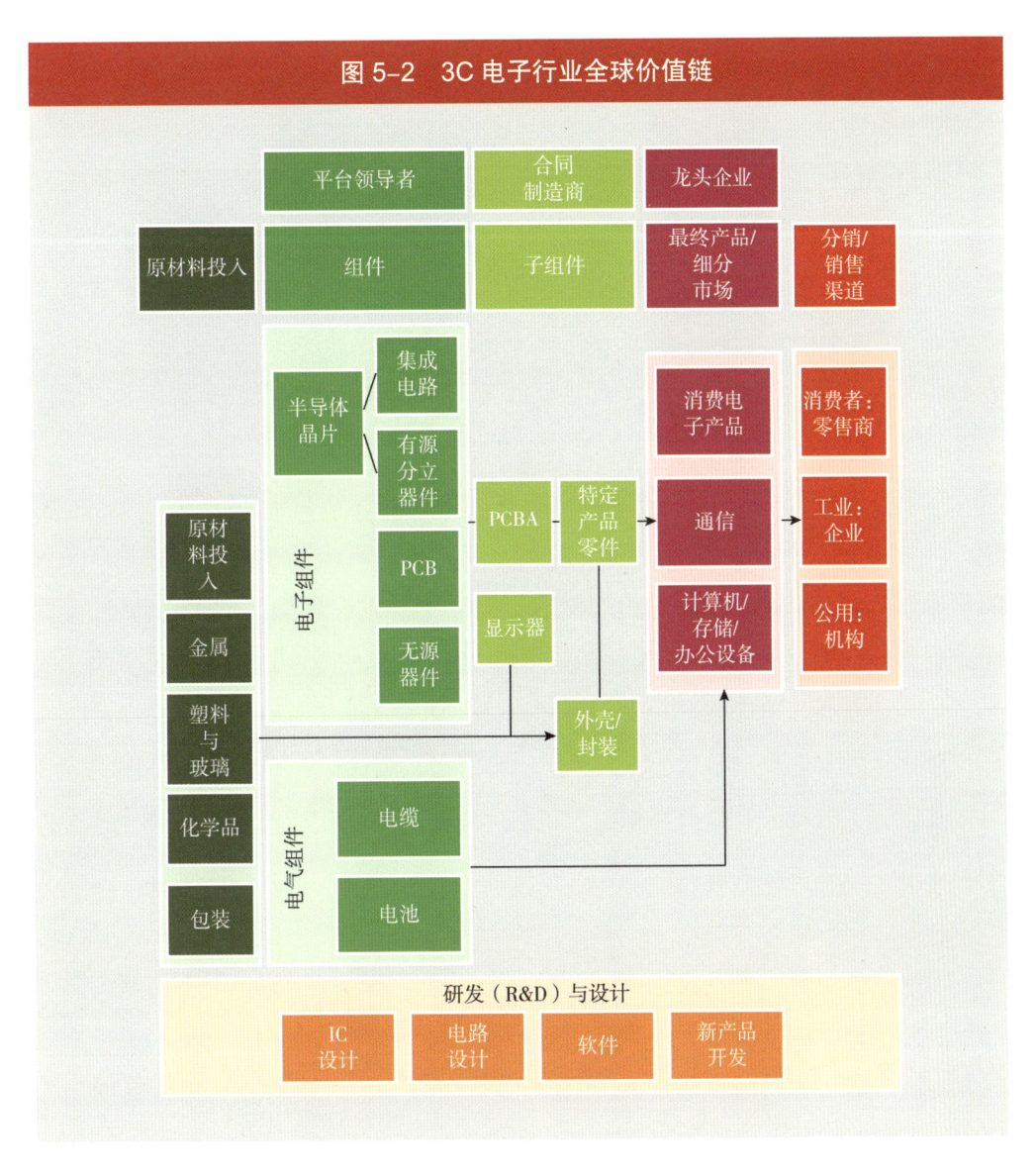

图 5-2　3C 电子行业全球价值链

资料来源：Frederick（2018b）的背景论文。

电脑和办公设备市场由少数龙头企业和合同制造商控制。市场领导者的构成并不稳定。2015 年，排名前三的电脑和外围设备企业（苹果、惠普和三星）持有 37% 的市场份额。2007 年，排名前三的电脑和外围设备企业持有 35% 的市场份额，但它们是惠普、戴尔和宏碁公司。在手机市场上，2007 年的三大品牌（诺基亚、摩托罗拉和三星）中只有一个品牌在 2015 年排名前三（三星、苹果和华为）；与此同时，诺基亚和摩托罗拉被其他公司吞并。3C 市场上领先的 EMS 企业来自中国台湾（富士康、和硕、广达、仁宝），它们在中国其他地区设有总装工厂。

除 3C 之外，其他重要的最终用户还包括汽车行业、医疗行业、航空航天和国防工业，它们在 2014 年的总市值接近 5000 亿美元。印度 Hical Technologies 公司的经历（见专栏 5.4；另见附录的案例研究 5）说明了成为专业化的利基供应商的发展潜力。Hical Technologies 公司自 1997 年以来迅速发展成为英国宇航公司、波音公司、洛克希德·马丁公司以及其他美国和欧盟航空航天公司的优质电磁元件制造商。

电子行业中关键环节的特征是模块化，这与全球价值链的形成相适应。例如，半导体生产可分为 5 个模块：研发和设计（熟练劳动密集型）、组件生产（资本密集型）、组装（非熟练劳动密集型）、测试（资本密集型）、营销（熟练劳动密集型）。在 20 世纪 60 年代末和 70 年代，率先将组装工序转移到低工资国家的半导体企业获得了竞争优势，这得益于半导体的高价值/重量比，以及促进跨境运输便利化的制度。

宏碁公司（Acer）创始人施振荣（Stan Shih）提出了微笑曲线（见图 5-3），刻画了电子行业全球价值链的上述特征。施先生注意到，个人电脑全球价值链的两端，即一端的研发和设计，以及另一端的营销，产生的增加值超过组装阶段产生的增加值。用纵轴表示增加值，用横轴表示价值链的序贯环节，画图就会得到一条形似微笑的曲线。微笑曲线表明生产过程两端的增加值高，而中间的增加值较低。通过对宏碁电脑进行设计、品牌推广和营销，而不是组装以其他品牌名称销售的电脑，施先生将微笑曲线的概念付诸实践。

图 5-3 微笑曲线

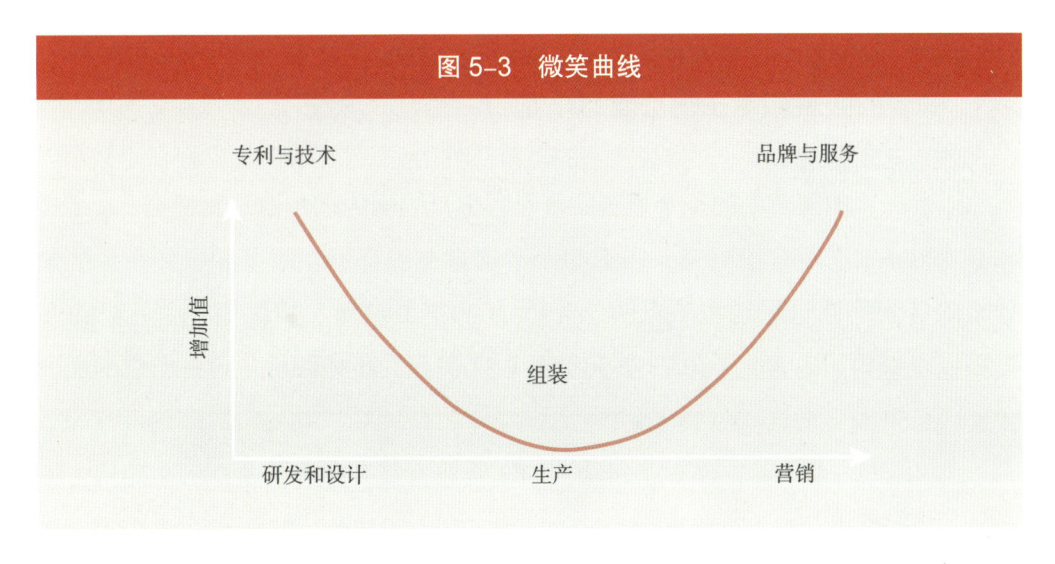

资料来源：UNIDO 绘制。

国际电工委员会（IEC）、国际标准化组织（ISO）和国际电信联盟（ITU）等行业机构制定了产品和工艺标准，这些标准的采用，促进了电子行业的模块化和全球价值链的使用。企业须通过经认可的认证机构的认证，而且必须定期更新认证。龙头企业通常要求供应商通过认证，还可能要求供应商符合 ISO 14000 环境管理标准。

世界贸易组织的《信息技术协议》也促进了电子行业使用全球价值链，它是一项自愿的多边协议，仅适用于签署了该协议的世界贸易组织成员。该协议最初于 1996 年通过，目前有 82 个签署国，包括中国、印度以及除老挝和缅甸之外的东盟成员国。《信息技术协议》要求所有签署国将电子产品清单中的关税以及与关税相当的其他税设为零。2015 年，这份电子产品清单得以扩展。其目标之一是扩展《信息技术协议》，以将所列电子产品的非关税壁垒纳入进来。成为协议的签署方，能极大地提升一个国家对电子产品（包括组件）畅通跨境运输的可信承诺。其结果之一是，对于《信息技术协议》所涵盖货物的生产企业，区域贸易协定的重要性降低。

5.3 中国的服装和电子行业全球价值链[1]

21世纪，中国贸易的一个显著特征是，出口的国内增加值占比提高。Kee 和 Tang（2016）在所有的制造业中都找到了这方面的证据。服装和电子行业的全球价值链说明了这种现象（见图5-4）。2000~2007年，中国每1美元纺织品与服装出口的国内含量从0.73美元增至0.81美元，机械和机电设备出口的国内含量从0.50美元增至0.63美元。

这可能与升级有关。在电子行业，中国企业在很多国内价值链和全球价值链中处于领先地位。庞大而且蓬勃发展的国内市场作用显著，2015年，在中国销售的3C电子产品，至少有三分之二是国产品牌。以此为跳板，中国品牌已打入全球市场，2015年全球销售的手机中，有21%是中国品牌（2007年为1%），中国品牌电视机的销售占比也达21%（2007年为11%）。然而，并不是所有行业都是如此。在这段时期，服装的出口构成似乎没有太大变化。

图5-4　中国服装和电子产品出口的国内增加值占比（2000~2007年）

资料来源：Frederick、Tang 和 Qi（2018）的背景论文。

---

1 本节基于 Frederick、Tang 和 Qi（2018）的背景论文，以及 Zhang、Kong 和 Ranu（2016）发表的论文。

越来越多的投入来自国内的供应商。1995~2011年，虽然服务业在服装和电子行业总出口中的占比保持在35%左右，但其中国内服务业的占比却有所提高（见表5-1）。在电子行业，国内服务业在总出口中的占比从1995年的1%升至2011年的11%，而国外服务业的增加值占比从34%降至25%。在服装业，国内服务业的占比从10%升至18%，而国外服务业的占比从25%降至13%。Frederick和Tang认为，中国的服装和电子企业承担了更大的投入品采购责任，而不是依靠国外服务供应商来协调它们参与的价值链。创捷科技有限公司（SJET Technology）是中国电子企业的一个例子，到2007年，其供应链协调业务部门已经发展得非常成功，以至于分离出来，成为一家新公司——创捷供应链有限公司（见附录的案例研究1）。

表5-1 中国服装和电子行业出口的服务含量（增加值占比）（1995年、2011年）

单位：%

	1995年		2011年	
	国内服务供应商	国外服务供应商	国内服务供应商	国外服务供应商
电子行业	1	34	11	25
服装业	10	25	18	13

资料来源：Frederick、Tang和Qi（2018）的背景论文。

5.3.1 服装业

自1949年新中国成立以来，中国的服装业经历了以下几个阶段。在改革开放前的计划经济时代（1949~1978年），服装业受到政府的严格控制，而且被视为非战略性行业。继1978~1979年家庭联产承包责任制实施和农村劳动力释放后，许多乡镇企业纷纷成立，以满足国内对纺织品和服装的需求，服装生产迅速增长，1978~2000年的年均增长率为14%。在同一时期，对外开放政策的实施和允许外国投资，推动了贸易自由化。20世纪80年代中期，随着劳动密集型产业的国际转移，中国缝制行业的产出急剧增加。[1]

中国的沿海开放城市不仅成为主要的外国投资目的地，同时也是国内乡镇企业生产服装、销售给外国买家（这些买家以其自有品牌再次进行销售）的热点地区。凭借政府的支持和丰富的劳动力，中国企业成功进入低端的服装贴牌生产（OEM）领域。[2] 20世纪90年代，对贴牌生产需求的快速增长，使沿海地区的国内企业，如红领集团（见专栏5.1；另见附录的案例研究2），有机会从小型乡镇企业转变为大规模生产者，这要归功于这些企业在服装制造中积累的资本和专业技术。

专栏5.1 沿服装业全球价值链升级：中国红领集团（Red Collar）

1979年以后，受改革开放的影响，中国许多乡镇企业开始为国内批发市场生产服装。其中一员——红领集团于1995年在青岛成立。除了在国内经营自有品牌外，它还以贴牌模式为外国品牌生产服装*。为确保优异的品质，红领集团在世界一流的加工设备、进口面料和辅料上投入巨资，并聘请意大利设计师，以紧跟全球时尚潮流。在21世纪初，红领集团向美国、意大利、德国和其他欧盟国家的知名品牌销售服装，而贴牌生产的收入远远超过国内市场的销售额。

红领集团的第二个转折点出现在2003年，当时信息技术开始在中国蓬勃发展。通过一个直接与最终客户互动的平台，红领集团探索制造过程的数字化，成为大规模定制商。例如，在百货商店购买西装的顾客可以使用销售人员提供的便携式系统完成设计过程，系统随后将客户数据发送到红领集团的制造工厂。最初，定制服务的规模很小，仅针对纽约市场，而贴牌生产仍然是红领集团的主要业务。但是到了2015年，红领集团的总销售额为11亿元人民币（约

---

1 早期新兴工业化地区（如中国香港、中国台湾和韩国）的企业家的制造能力转移尤为重要，他们不断提供管理和出口营销专业知识。由于中国珠三角地区有共同的语言且交通便利，香港与广东省之间的联系格外密切。

2 在贴牌生产（OEM）模式下，生产者按自己的规格设计和制造产品，然后将产品销售给买家，买家再以自有品牌去销售这些产品。

1.8亿美元），其中服装定制收入占96%，净利润率为25%。红领集团的大部分销售额来自大型零售连锁店或裁缝店，2015年70%的定制订单来自美国、加拿大、意大利和其他欧盟国家。量身定制的西装可在七个工作日内送达。

红领集团最初是依靠丰富的农村劳动力发展起来的。在21世纪，具有科学技术背景的大学毕业生已成为红领集团向大规模定制转型的重要力量。中国熟练劳动力的增加为红领集团提供了人力资本，使企业能够从全球价值链的低端转向高增加值的生产环节。

注：★原始设备制造商（OEM）按自己的规格设计和制造产品，并将产品销售给以自有品牌转销产品的买方。

资料来源：附录的案例研究2。

虽然农村剩余劳动力为发展奠定了基础，但政府鼓励人力资本形成的政策使红领集团等企业实现了业务升级。自20世纪90年代末以来，中国政府实施了大学扩招政策，以满足对高素质人才不断增长的需求。高校毕业生成为红领集团等企业可持续发展的人才库；在红领集团向大规模定制转型期间，具有科学技术背景的高校毕业生，成为相关数据算法和信息系统发展的中坚力量。越来越多的熟练劳动力使服装企业的商业模式得以转变，并帮助像红领集团这样的企业积累了人力和智力资本，使企业能够从全球价值链的低端向高端移动。

20世纪90年代，政府强调高科技在服装制造业中的应用。除了培训机会和鼓励进口高科技设备外，政府和相关协会还启动了一系列项目，以提高行业标准，满足服装生产的国际要求。产能的快速增长和亚洲金融危机（1997~1998年）带来了商品过剩，导致贴牌生产企业之间的激烈竞争，以及纺织品和服装的出口减少。对此，中国政府立即提高了纺织品和服装的出口退税率。一些中国服装企业开始从贴牌生产转变为按其他企业的规格设计和生产。2000年，出口恢复了增长。到2000年，中国已占据全球服装市场的五分之一，主要依靠的是民营企业家和集成生产系统。

2001年加入世界贸易组织，以及全球纺织品和服装市场自由化后，中国出口继续增长。中国是《多种纤维协定》终止的主要受益者，在全球服装出口中的份额从2004年的28%增加到2014年的38%。中国企业通过原创设计和材料研究来努力增加价值，2008~2009年的世界贸易低迷促使中国服装企业重视品牌运营、设计和其他赢利活动。在2010年左右，买方寻求供货来源的多元化，包括在工资大幅增长的中国沿海省份以外寻找成本更低的生产地点。尽管有这些目标和认知，但数据（至少到2015年）未显示单位价值增加或全球市场份额下降的迹象。

中国的服装业集中在沿海省份，2011年，广东、浙江、江苏、山东和福建的服装产出占总产出的69%。这种集中有历史原因。在改革开放初期，一些地方集群和专业化生产区（如浙江的袜子生产区和广东的内衣生产区）建立和发展起来。[1]尽管工资和其他成本上涨，而且政府实行鼓励服装业向非沿海省份迁移的计划，但这些省份的集中度在21世纪几乎没有变化。这表明了集聚效应的强度（即企业外部的规模经济），以及产品特定联系和物流基础设施的深远影响。对区位稳定性的定性解释还包括，在高收入沿海地区出现更注重时尚的群体。还有证据表明，生产者更多地使用计件工资来规避正式工资的上涨。

纺织业也集中在沿海省份，特别是江苏和浙江。中国对纱线和面料征收平均9.6%的进口关税，高于柬埔寨和斯里兰卡，与印度尼西亚和越南相似，但仍低于孟加拉国、印度和巴基斯坦。2000~2013年，与服装产量相比，纱线和面料产量增长更快，这在一定程度上反映了纺织品的出口增长，以及对国内服装制造商的供应增加。

自2000年以来，由于国内的成本上升，中国服装业的对外直接投资大幅增加。主要目的地是成本更低并能以优惠条件进入主要市场的最不发达国家，包括

---

1 到2010年初，有"袜乡"之称的浙江诸暨大唐镇的袜子产量足以为地球上的每个人每年提供两双袜子。广东汕头的谷饶镇（号称"内衣之乡"，拥有1000多家工厂，每年生产3.5亿个文胸）和陈店镇生产的内衣占中国内衣产量的1/8。

孟加拉国、缅甸，特别是柬埔寨。这种对外直接投资得到了中国政府的支持，它充分发挥了中国服装企业的管理和营销技能（包括分析哪些因素会影响服装业全球价值链中的买家，如质量、可靠性、交货时间和合规性），并为中国纺织品和纺织机械生产商提供了出口市场。

5.3.2 电子行业

在20世纪90年代，中国电子行业吸引的外商直接投资显著增长，当时主要集中在广东和江苏两省，特别是来件组装和贴牌生产领域。2000年后，电子行业的重要性增加，例如，3C产品出口额从2000年的280亿美元增加到2014年的4050亿美元。3C产品的出口以加工贸易为主（2007年占比为83%）。出口商中大多数是国内私营企业，但如果按价值加权，出口主要由外商投资企业主导；国有企业在2000年占46%，但到了2007年占比已降至10%以下，这与国有企业转型改革及私营部门蓬勃发展有关。

手机在国内消费中占比最大，而电脑在出口中占比最大。其他消费电子产品（主要是电视机）在出口和国内销售中的占比都大约是17%。从数量上看，2015年在中国销售的3C商品（不包括电子游戏）中至少有三分之二是国产品牌。在全球范围内，2015年中国品牌手机占全球手机销售数量的21%（2007年为1%），中国品牌电视机的销售数量占比也达21%（2007年为11%）。这说明，中国企业在短时间内就跃升至龙头企业的地位。但是，如果有价值的数据，按价值计算，上述比例可能会小一些。在其他产品市场上，中国品牌的知名度有限。升级的另一个指标，是国内商业服务提供者在21世纪的贡献增加（见表5-1）。

从20世纪80年代末到21世纪初，已建立自有品牌知名度的中国企业，通常先担当港资或台资企业的供应商，或与它们合资经营，以获得资本、技术和市场准入。其他企业通过收购建立了品牌知名度。例如，2003年，京东方（一家由北京市政府支持的国有企业）收购了韩国老牌液晶屏制造商Hydis。第三种选择是与知名品牌所有者密切合作。例如，2004年，TCL与阿尔卡特成立合资公司，使其能获得许可，以知名品牌生产手机，且2008年TCL成为三星电视机的第一家海外合同制造商。最近的趋势是，志在升级的企业招募了来自知名外资企业的高级管理人员或工程技术人员。

中国的半导体行业被视为是成功的，但由于缺乏技术升级，结果是喜忧参半。[1] 虽然半导体企业从2000年的172家增加到2011年的492家，从业人数从74004人增加到293023人，但生产活动主要是低增加值的出口加工。由于3C生产商快速发展，对先进芯片的需求增加，国内企业的供应量不足国内市场需求的1/5，集成电路的贸易逆差增加（Kong等，2015）。[2] Ernst（2015）发现，2013年，中国国内半导体消费额为1450亿美元，而中国企业的供货额只占其中的8%；2012年，中国的半导体进口额为2320亿美元，超过了中国石油的进口额（2210亿美元）。

5.4 印度的服装和电子行业全球价值链[3]

在服装和电子行业的全球价值链中，印度的一个显著特征是，虽然有个别企业参与全球价值链，但总体参与度较低。

5.4.1 服装业

印度的服装业和纺织业是垂直整合的，包括国内原棉基地。该行业的特点是，企业数量多，往往规模较小，技术水平和生产率较低，并且复杂的监管环境阻碍了企业的发展，其中还有一个庞大的非正规部门。在这个普遍面向国内且相

---

[1] 世界银行认为，中国需要转变，从利用外国技术进行追赶，转变为主动创新。这一观点收录在为中国国务院发展研究中心编写的报告中。这份报告由世界银行以《2030年的中国：建设现代、和谐和有创造力的社会》为标题在2013年发布。类似的观点，也是Ernst（2015）对中国半导体行业进行研究的主题。

[2] 在2011年的492家企业中，只有224家是内资企业，有164家是外资企业，还有104家是港澳台资企业。Kong等（2015）发现，集成电路的贸易逆差从2003年的86亿美元增至2010年的1000多亿美元。

[3] 本节基于Frederick（2018c）的背景论文。

当传统的行业中，一些大企业参与了全球价值链。例如，戈卡尔达斯出口有限公司（Gokaldas Exports Ltd）（见专栏 5.2；另见附录的案例研究 3）在适应不断变化的形势方面，表现出了灵活性，并实现了规模经济，已成为印度领先的服装出口商之一。

1985 年，随着美国和欧洲市场的需求发生变化，印度的手工棉织品和色彩鲜艳的流动设计广受欢迎，其服装出口突然激增。与此同时，随着外国买家开始研究印度手工制品和纺织品，美国和欧盟增加了从印度进口纺织品和服装的配额。在同一时期，印度政府修改了金融行业法规，以便利以技术升级为目的的外汇获取，同时推出了促进出口的激励措施，如退税、预先许可，以及为出口商提供现金支持。

生产商们积极响应这些激励措施。例如，戈卡尔达斯公司于 1978 年在毛里求斯开始运营，1985 年才开始在印度生产（见专栏 5.2）。随着印度服装进入美国和欧盟市场情况的改善，以及印度政府政策的调整，戈卡尔达斯公司开始在印度进行出口生产。它随后的扩张和成功一直得益于政府政策。然而，戈卡尔达斯公司仍然是印度服装企业参与全球价值链的一个比较罕见的例子。

专栏 5.2　戈卡尔达斯出口有限公司（Gokaldas Exports Ltd）——领先的印度服装出口商

戈卡尔达斯公司自 1978 年起一直服务于全球大型零售商，当时它作为一家在毛里求斯注册成立的印度公司进行服装出口。1985 年，它在印度注册成立公司，并按照不同服装类别的定制采购安排，开始向美国出口。

戈卡尔达斯公司 1985 年开始在印度进行出口生产，这背后的驱动因素是外部形势和国内政策的改变。美国和欧盟增加了从印度进口纺织品和服装的配额。印度政府修改了金融行业法规，以便利以技术升级为目的的外汇获取，同时推出了促进出口的激励措施，如退税、预先许可和现金支持。

该公司根据国际知名品牌客户的许可生产服装，如 Abercrombie & Fitch、Adidas、Benetton、Diesel、DKNY、Gap、H&M、Jack Wolfskin、Land's End、

Lee、Marks&Spencer、Macy's、Nike、Northface 和 Reebok 等。据该公司报告，它的主要挑战是来自越南、柬埔寨、孟加拉国和斯里兰卡等新兴经济体的竞争，特别是最不发达国家进入主要市场时有优惠待遇。其他问题包括不断变化的标准和质量规格、不同的海关和出口程序、包装和标签要求，以及检验程序。特别是在欧盟和美国市场，例如，在20世纪90年代，德国禁止使用彩色染料，这给公司带来了重大损失。

随着计算机辅助设计和其他相关技术的引入，劳动密集型产业正在缓慢转变为资本密集度更高的产业。尽管如此，戈卡尔达斯公司的20家制造工厂遍布卡纳塔克邦、泰米尔纳德邦和安得拉邦，并雇用了大约2.5万名工人。

资料来源：附录的案例研究3。

《2000年国家纺织行业政策》、《1999年纺织业升级资助计划》和《2006年科技基金修订计划》都旨在为纺织业和服装业供应链的高价值环节提供更多支持。然而，这些计划以及更一般化的集群相关计划或培训项目，对改善行业结构或促进服装出口的影响不大。与全球服装贸易或印度的总出口相比，印度服装出口的比例仍然较低。2015年，印度的服装出口额为154亿美元，占世界服装出口总额的4%，不到印度出口总额的5%。

印度服装出口不再受益于优惠的市场准入。2015年超过三分之二的服装出口流入欧盟（44%）和美国（25%）。像戈卡尔达斯这样的公司担心，相对于最不发达国家（如孟加拉国或柬埔寨），它们处于非优惠地位。印度最重要的贸易协定——《区域全面经济伙伴关系协定》（RCEP）（通过它东盟扩展为东盟+6个贸易伙伴国）——不涉及任何重要的服装市场。

最近，印度政府实施了三项促进服装出口的举措：

- 对所有以卢比结算的装船前和装船后信贷实行3%的利息补助金计划；
- 提高退税上限；

- 为流向特定国家的所有出口提供 2% 的出口收益。

此外，印度政府还推出新的纺织业政策，以促进就业、发展规模经济和增加出口。这些政策的有效性还有待观察。

5.4.2 电子行业

印度不是主要的电子产品出口国。2015 年，印度电子产品的出口额为 35 亿美元，其中 53% 为最终产品，25% 为子组件，22% 为零部件。在电子行业的任何子类别中，印度都不是世界十大出口国之一。美国和阿联酋（UAE）是印度电子产品出口的主要目的地，但是每年的份额有所不同。例如，2011 年，17% 的出口流向阿联酋，10% 流向美国；2015 年，24% 流向美国，18% 流向阿联酋。

印度国内生产主要针对国内市场。三星等主要的龙头企业，以及"电子制造服务"（EMS）企业（如富士康、新美亚、伟创力和捷普集团），在印度有子公司。电子组件的生产较弱，大多数电子组件都根据《信息技术协议》免税进口。然而，印度的设计较强，是超大规模集成电路（VLSI）和电路板设计的全球中心；全球排名前 23 位的半导体生产商都在印度设有研发和设计中心。[1]

印度在电子行业全球价值链中处于独特的地位。尽管印度的制造规模很小，但在集成电路设计方面有重要影响力，大多数知名跨国公司都在印度设有办事处。设计和制造之间的这种分工并不常见，但并不完全出人意料，因为设计和制造所需的技能组合不同，而且设计作为一种电子服务活动，可以由不同的公司在不同的地点完成。从升级的角度来看，通过参与设计，印度处于全球价值链参与的高级阶段，但设计活动是在外国跨国公司的分公司进行的，对印度经济产生的溢出效应很小。

为了在电子行业创造就业机会和减少进口，印度制定了一系列政策，包括《2012 年国家电子行业政策》中针对资本支出的一系列补贴，以及免税政策和基础设施支出，总预算为 50 亿美元。

---

1 超大规模集成（VLSI）是通过将数十亿个晶体管组合到单个芯片中来创建集成电路的过程。

专栏 5.3　印度摩索贝尔有限公司（Moser Baer India Ltd）——全球价值链参与者的兴衰

印度摩索贝尔公司于1983年在新德里成立，当时它与日本丸善（Maruzen）公司和瑞士摩索贝尔公司通过技术合作生产计时器。1988年，印度摩索贝尔公司通过制造5.25英寸软盘进入数据存储行业。为应对技术变革，到1993年，该公司制造3.5英寸软盘，并于1999年建立了一个产能为1.5亿件的工厂，生产CD和DVD光盘。其贴牌生产战略是，在规模、技术、质量、产品灵活性和流程整合方面符合全球标准，并与领先企业（如威宝Verbatim和宝丽来Polaroid）签订销售协议。到21世纪头十年的中期，印度摩索贝尔公司成为全球第二大光盘制造商，占全球市场份额的17%。

在2004年至2005年，该公司面临严重的财务问题。当时，新技术的引入使存储设备技术的市场份额遭到侵蚀。来自中国台湾的竞争对手——CMC和铼德科技（Ritek）公司，迅速转战闪存驱动技术领域，并将生产转移到中国大陆，从而大幅降低了成本。

从2007年开始，印度摩索贝尔公司实行生产多元化策略，进军光伏（PV）电池、家庭娱乐领域，后来又进入发光二极管（LED）照明领域。2008年，它建立了世界最大的薄膜太阳能厂，但当时正是光伏行业的低谷期，因为全球经济陷入衰退，中国生产商压低了光伏产品的价格。成立于2006年的家庭娱乐子公司，主营国内业务；它运营着一个数字视频处理设施，并以多种印度语言发布家庭视频。印度摩索贝尔公司的LED照明业务是面向国内市场的加工组装厂。

20世纪90年代，印度摩索贝尔公司作为一家成功的贴牌生产商，在不断发展的电子行业全球价值链中占据强势地位。面对技术变革和竞争加剧的共同挑战，它在2005年后失去了这一领先地位（Mishra，2012）。摩索贝尔公司进入光伏和LED全球价值链后的表现似乎代表了向低增加值活动的降级。2015~2016年，该公司原材料及包装材料的进口/国产比约为80∶20，远远高于当该公司的旗舰产品还是存储设备的时期，原因是光伏和LED照明设备严重依赖进口原材料,其中大部分来自中国。

该公司仍在全球范围内从事DVD和光伏出口,但在光伏出口市场上面临来自中国企业的激烈竞争;中国、日本、欧盟或美国的需求放缓,以及世界光伏价格波动,可能对该公司产生进一步的不利影响。凭借在印度太阳能光伏市场上的强大品牌,印度摩索贝尔公司希望从需求增长和政府的政策激励中获益。

资料来源:附录的案例研究4。

专栏5.4 印度Hical技术有限公司——在电子行业全球价值链中成功升级

Hical公司成立于1988年,它为电信和汽车行业的国内客户生产电磁高频变压器组件,并于1992年进入国际市场。1997年,由于国内客户不可靠,Hical进行业务多元化,进入航空航天领域,并转变为100%的出口型企业。自1997年以来,Hical一直致力于设计和制造电磁和机电产品(电机、电磁阀、传感器和变压器),并为英国宇航公司、波音公司、通用航空公司和洛克希德·马丁公司等企业提供系统集成服务。目前的收入主要来自航空航天部门(约40%),其次是国防领域(约40%)和医药领域(20%)。

Hical在人力资源和硬资产上投入了巨资。Hical成立了"技术开发中心",研发满足空间与航空航天应用要求的电磁和机电系统,进行业务多元化,将业务延伸至航空航天领域。通过聘请印度空间研究组织(ISRO)和其他航空航天机构的顶尖人才,该公司已经组建了一支强大的设计和技术工程师团队。

2011年,Hical与德国Vacuumschmelze公司签订战略协议,促成了使用先进电磁芯制造特种磁体的合作。2012年,Hical与法国NSE集团合资建立了Hical-NSE Electronics,作为印度补偿合作伙伴,成为参与印美、印法和印以合同的重要媒介。与NSE的合作,给Hical带来了关于航空航天、电子、电信和大型工业应用集成系统的设计、建造和销售等方面的专业知识。2017年,

Hical 与通用航空公司宣布建立正式合作关系，Hical 将成为通用航空公司生产的无人直升机和无人驾驶飞行器的产品集成和制造合作伙伴。

Hical 通过对可靠性和质量的承诺，来打造自己的利基市场。关键的成功因素是通过有效的供应链管理和精益生产实践实现卓越运营；主要原料供应来自美国、英国和欧盟企业。航空航天、国防和医疗行业要求遵守严格复杂的标准和规范，而 Hical 一直保持零拒收和 100% 按时交付的记录。

资料来源：附录的案例研究 5。

印度在电子行业有成功的出口商，但它们的表现和命运非常独特，它们的经验不具有普遍的借鉴意义。印度摩索贝尔公司成立于 1983 年，并在 1988 年进入数据存储行业。到 2005 年，它成为世界第二大光盘制造商，成功地完成了从软盘到 DVD 光盘的技术转型，成为电子行业全球价值链中的重要参与者。然而，在转向闪存驱动器技术方面，它不如来自中国台湾的竞争对手敏捷。2006 年后，该公司进行多元化生产，进军光伏电池、家庭娱乐和 LED 照明领域，从此不再是电子行业全球价值链的重要参与者。

5.5　越南的服装和电子行业全球价值链[1]

如第一部分所述，与中国或东南亚邻国相比，越南是全球价值链的后来者。21 世纪，越南在服装和电子行业全球价值链的参与度迅速提高。在这两个行业中，参与过程主要由外国投资者推动，而越南的角色是最终加工，在出口产品的总增加值中份额很小。

1　本节基于 Frederick（2018d）与 Tong 和 Seric（2018）的背景论文。

5.5.1 服装业

越南的服装企业分为两类：一类是对出口不感兴趣的国内生产商，另一类是出口型的外资企业。服装企业在地域上集中，2015年，46%的服装企业在胡志明市，14%在河内。国内企业专注于垂直整合，在越南生产和销售，国内服装品牌拥有稳定的市场份额。大多数国内纺织品不具有出口品质，而且国内生产商仅满足了15%~16%的国内纺织品需求。

服装出口商的现有结构由外国投资者主导，这些投资者从自己的全球网络进口投入品，并通过海外的总部协调销售。投资者的总部，大多设在韩国和中国台湾，其次是中国香港和日本。[1] 越南纺织服装集团（Vinatex），之前是一家国有企业，现在已经部分私有化。它与外国合作伙伴组建合资企业，并在几乎所有出口型服装生产企业拥有股权。[2]

2004年底，《多种纤维协定》终止后，越南服装出口迅速增长。政府为服装业制定了全面发展战略。服装业的从业人数从2005年的511278人增加到2015年的1337429人。自2005年以来，越南开办了新的生产厂，旨在为出口而生产，但很少有新的出口企业出现。越南的优势包括劳动力成本低以及能以优惠条件进入主要市场[3]；劣势主要是劳动力缺口，其阻碍了新的国内企业进入市场或产品

---

[1] 来自韩国的投资者包括：(1) Hyun Jin 于 2003 年、2006 年和 2010 年开设工厂，主要为法国、德国和美国的客户生产劳保、园艺、运动或军用手套；(2) Sees Global 于 2008 年在越南开设工厂，现在雇用 2000 名工人，主要为 Head、North Face 和 Fila 等公司生产运动手套；(3) 自 2005~2006 年以来，Suy 已建有两个全资工厂和两个分包工厂，雇用 4000 名工人，为 Ann Taylor、Lands' End 和 Loft 等美国零售商提供贴牌加工服务；(4) Kyung Seung 在越南建有 3 个工厂，2016 年扩建了 30%，随着产能从印度尼西亚转移，其 90% 以上的产品都销往以 Gap（2016 年为 36%）和 H&M 为代表的 4 家美国企业；(5) FTN 是 LG 的子公司，于 2006 年在越南建厂，现在雇用 1000 名工人，主要为 DKNY、Burberry 和 Calvin Klein 生产。

[2] Nadvi 等（2004）分析了 2004 年前的越南服装出口增长、国内纺织品生产下降，以及越南纺织服装集团（Vinatex）在这些发展中的主导作用。

[3] 根据 2009 年的贸易协定，越南进入日本市场有优惠待遇。同时，越南享有欧盟市场的普惠制（GSP）待遇（与孟加拉国或柬埔寨等最不发达国家的地位相比没有优势）。越南最重要的贸易协定是东盟经济共同体协定，以及东盟+6 协定（即东盟与澳大利亚、中国、印度、日本、韩国和新西兰 6 个贸易伙伴国签订的协定）。

升级。出口仍集中在简单的低价值产品上。

2014年，越南进口的投入品，大约88%用于服装出口，是世界第二大面料进口国。棉花主要来自中国。越南的纱线业在2005年几乎不存在，但少数中国企业为避开关税在越南建立了纱线生产厂，因此越南成为棉纱的净出口国。2015年，越南纱线出口额达27亿美元，纱线进口额达12亿美元。

目前的出口生产结构可能受到正在与美国和欧盟协商的贸易协定的挑战。这些协定可能包括原产地规则，要求纺织业的投入品必须在协定参与国生产。自2015年以来，越南的纺织业涌入大量的抢占式投资。

5.5.2 电子行业

2007年加入世界贸易组织后，越南的电子行业成为全球价值链的参与者，并由跨国公司的分厂主导。松下和LG利用老旧的生产设施制造消费电器，主要面向越南的国内市场，但电子行业中几乎所有的外商直接投资都始于2007年之后。2013年，外资企业的出口占越南电子产品出口的97%。电子产品出口额从2007年的30亿美元增加到2015年的500亿美元。

最大的外国投资者是三星，2008年至2016年的投资额为113亿美元；全球的三星手机有1/3是在越南组装的，而北宁省的工厂是全球最大的智能手机工厂（见专栏5.5；另见附录的案例研究6）。由于中国劳动力成本上升，诺基亚将其智能手机生产从中国转移到越南，而在中国台湾的富智康集团有限公司（FIH）收购诺基亚和微软工厂之前，越南是微软的第二大雇佣基地。2010年，英特尔将其业务从菲律宾迁至越南，现在是越南最大的美国投资者，资产价值10亿美元。佳能拥有3家打印机工厂，包括位于桂武工业区的全球最大的激光打印机生产厂和位于仙山工业区的最大的喷墨打印机生产厂。2013年，LG电子承诺10年内向位于海防市的出口型消费电子产品生产厂投资15亿美元，使越南成为LG在东盟最大的生产基地；从工资成本和邻近中国供应商的角度看，LG的区位决策是合理的。[1]

---

[1] 《2016年东盟投资报告》（东盟秘书处，雅加达），第66页。

专栏 5.5　三星电子越南有限公司（SEV）

三星公司自1996年以来一直在越南运营，最早是生产彩电。2007年以前，三星手机由六家工厂制造：两家在中国、两家在巴西、一家在印度、一家在韩国。2007年，为满足全球需求，降低中国工厂的集中度，在考虑新厂位置时，三星决定选择越南。SEV于2009年开始运营，到2015年，其产量占三星手机总产量的50%。

三星在越南的启动速度和运营规模在东南亚都是独一无二的。2016年，该公司产品出口占越南商品总出口的23%，手机及其零件出口占19%。到2017年底，三星在越南的SEV和其他子公司雇用了10.9万名工人，他们绝大多数是半熟练的高中毕业生（7%拥有大专学历，4%拥有大学学位），四分之三是女性。2008年至2014年，通信设备和电子组件行业的工资增长了一倍多，这可能是三星的劳动力需求大幅增加所致。在此期间，制造业就业人数从320万人增加到580万人，通信和电子行业的就业增长更快。

三星在本地采购非劳务投入方面遇到了更多困难。三星报告的"本地化比例"为57%，即所有在当地保留的增加值占总增加值的比例（包括为再投资保留的利润）。从更一般的意义上说，本地商品和服务价值中的本地成分在总增加值中所占比重小得多。2014年，只有10家越南国内企业是三星的供应商，其中4家一级供应商提供纸质包装产品。2017年三星报告称，越南供应商的数量增加到了215家，其中25家是一级供应商，而其余是二级供应商。它们提供的服务（如餐饮服务、休闲旅游、清洁和卫生）或纸质包装产品，没有进入三星实际最终产品的组装和制造阶段。

资料来源：附录的案例研究6。

三星电子的大部分投入品都是进口的，而从越南当地采购的投入品主要来自外资企业，越南国内供应商则提供低增加值的服务，如包装或印刷。三星依赖韩国的供应商，它们跟随三星前往越南，为智能手机和平板电脑生产投入品。三星在越南的 67 家一级供应商中，只有 4 家是越南企业，而且都是包装商；在其余供应商中，有 53 家韩国企业、7 家日本企业，还有 3 家分别是马来西亚、新加坡和英国的企业。[1] 跨国工厂与国内企业之间缺乏联系限制了全球价值链参与的收益。一个重要问题是，这是全球价值链生产模式固有的特征，还是越南特有的现象——因为缺少符合要求的合作伙伴。[2]

为缓解技能短缺，三星于 2012 年在东南亚建立了旗下最大的研发机构。它已向河内科技大学提供 250 万美元的助学金和奖学金，并为邮电科技学院提供 140 万美元的奖学金和实验室设备。英特尔公司为 73 名越南学生投资 700 万美元，帮助他们在波特兰州立大学攻读学士学位，并与亚利桑那州立大学、皇家墨尔本理工大学胡志明分校建立了合作关系，培训工程师和管理人员。

三星在越南的手机生产是全球价值链的一个特例，它在短时间内为一个国家带来大量就业机会和其他福利。同时，它也说明了，除了对半熟练工人的工资和就业有直接影响外，东道国很难再获得别的收益。三星已采取了一些措施来招募越南本地的供应商，但很快发现本地企业在规模、成本、交付和质量方面没有合适的能力。贡献了越南出口近 1/5 份额的企业与潜在本地供应商之间的规模差距，也许是问题的根源。三星不愿在一种组件上与 100 家供应商打交道。在这种情况下，本地供应商的合理进入途径是，作为一级或二级供应商的分包商，而不是直接与龙头企业接洽。

---

1 在三星公司的韩国一级供应商中，有一些企业在三星决定在越南扩展其智能手机业务之后不久，就在越南建立了工厂。例如，Partron Vina 2009 年建立，Haesung Vina 2011 年建立。2014 年，Partron Vina 的电子组件产量达 4.5 亿件，其中 1.3 亿件是图像感测模块，3.2 亿件是手机组件；该公司有 4500 名员工，收入达 6000 万美元。Haesung Vina 主要生产手机的相机镜头。在越南投资的其他韩国供应商包括 Woojeon（智能手机壳）、MCNEX（相机模块）、Flexcom（柔性印刷电路板）和 Intops（智能手机壳）（《2016 年东盟投资报告》）。自 2008 年以来韩国大规模投资引发的连锁效应是韩国零售商（如 Lotte 和 E-mart）在越南的扩张。

2 Sturgeon 和 Zylberberg（2016）报道了由越南政府和三星集团在 2014 年 7 月共同主办的一个工作会，旨在确定越南国内供应商。参加会议的 200 家本地企业没有一家能达到三星的质量要求。

5.6 结论

全球价值链的研究，受到全球价值链特征异质性、参与决定因素异质性和结果异质性的干扰。通过关注中国、印度和越南的情况，本章和前一章强调了这三国在国家和行业层面的异同，以及一些个体企业的独特行为。背景论文所汇总的企业数据集和案例研究，将异质性考虑在内，为全球价值链参与和绩效提供了新的见解，有助于加强和深化第一部分宏观分析得出的结论。接下来的两章将分析这些结论。

第 6 章

全球价值链参与的决定因素：企业层面的证据

关于中国、印度和越南的全球价值链参与的决定因素，必须在本报告第一部分的历史和宏观背景下，来分析企业层面的证据。中国 2002～2005 年的企业数据集表明，自 1978 年改革开放以来，中国走过漫长的道路才融入全球价值链。最初的参与，源于企业家（主要来自香港地区）的作用，他们带领企业进行劳动密集型出口活动，他们懂得如何在相对简单的全球价值链上管理生产和出口销售。随着 1992 年的经济体制改革，以及 2001 年中国加入世贸组织，参与全球价值链的范围扩大，并变得更加复杂。2002～2005 年的企业数据展示了这一发展过程中特定时间段的情况。红领集团和创捷公司的案例研究清楚地表明，在 2005 年后的 10 年中，这一发展仍在继续（见附录的案例研究 1 和 2）。

相比之下，印度在参与全球价值链方面进展缓慢，而且没有显著的渐进式变革迹象。与中国的企业数据集相比，印度的企业调查数据库覆盖的时间更长，但直到最近，也并未显示出快速变化。个案研究表明，企业的经历差异巨大。自 20 世纪 80 年代末以来，戈卡尔达斯公司在服装业全球价值链中取得了成功，但它并不是印度服装企业的典型（见附录的案例研究 3）。20 世纪 90 年代和 21 世纪初，印度摩索贝尔公司在电子行业是成功的全球价值链参与者，但在 21 世纪头十年的后期面对国际竞争时，该公司急剧衰落，随后它在 21 世纪 10 年代重新调整产品范围，更重视国内市场（见附录的案例研究 4）。Hical Technologies 参与全球价值链相对较晚，其经历与印度摩索贝尔公司不同，目前 Hical 已根据自己的竞争优势，牢固地确立了市场地位（见附录的案例研究 5）。

越南的全球价值链参与度在近年来迅速提高，这主要是 21 世纪的一种现象。2010 年的企业调查刻画了这一过程的早期阶段。在大型跨国公司（特别是三星公司）发挥重要作用方面，越南也具有独特性（见附录的案例研究 6）。与其他案例研究相比，三星的案例研究更深刻，分析得更透彻，反映了 2010 年左右该公司（实际上是电子行业的子行业即手机的一个投资项目）在越南经济中发挥的巨大作用。

在识别全球价值链参与的更细的决定因素和结果时，企业层面的分析特别有用。本章和下一章将总结背景论文的一般性结论，并辅以案例研究中的具体实例，同时尽量避免过度强调个别企业特有的经验。

6.1 贸易相关的决定因素、要素禀赋和成本

作为全球价值链参与的首要决定因素和必要条件，贸易政策和贸易开放发挥着独特的作用。中国的全球价值链参与，起步时间非常明确，就是在 1978 年改革开放之后，在 1978 年以前，大幅度参与全球价值链是不可想象的；即使在 1979 年之后，发展仍然缓慢，直到 1983～1984 年，香港地区的经济发展状况为内地企业加速融入全球价值链提供了动力。2001 年中国加入世界贸易组织，开启了全球价值链参与和升级的新阶段。

自 1948 年以来，作为世贸组织的创始成员和关贸总协定的缔约方，印度没有与中国类似的贸易政策转变。然而，像戈卡尔达斯这样的公司，受到市场准入变化的强烈影响，这也导致它一开始在毛里求斯从事出口服装生产，然后在 1985 年重返印度。正如 Hical 的案例研究所述，对印度潜在的全球价值链参与者来说，拥有 100% 的出口商地位非常重要。

越南在全球价值链融合中起步较晚，有历史原因。1995 年与美国的贸易关系正常化和 2007 年加入世界贸易组织后，全球价值链参与才变得可行。1995 年成为东盟成员后的区域一体化、2000 年后向东盟自由贸易区迈进的主要举措，以及

2015年东盟经济共同体（虽然不完整）的建立，为越南的开放贸易政策提供了更多的可信承诺。鉴于在越南全球价值链出口的增加值中，进口投入品的占比极高，这种承诺对外国投资者至关重要，这些外国投资者推动越南融入全球价值链。

贸易理论预测，贸易格局受相对要素禀赋的影响；在全球价值链框架下，这种假设得以延续，预测了全球价值链活动的区位选择。中国的经验支持这种假设，即20世纪80年代，中国开始专业化从事劳动密集型的加工活动，到21世纪初，随着工资的增长，逐步升级为技术密集度更高的活动。这种升级的必然结果是，大部分劳动密集型的活动转移到柬埔寨或老挝等低工资国家。在案例研究中，三星决定在越南而不是中国开办新的手机组装厂，是要素成本决定全球价值链参与的最明显的例子。

在接受调查的越南企业中，全球价值链参与者受劳动力成本的强烈驱动，而非全球价值链企业更关注国内市场，工资水平是次要因素。越南的企业调查表明，全球价值链参与对就业有很大的积极影响，但这种影响主要发生在生产率较低和技术密集度较低的行业。

全球价值链参与者的生产率较低，与技术和资本密集度较低有关；即使考虑到企业的规模和行业特征，技术差距仍然存在。越南的全球价值链参与者主要是进口成分高的外资企业，它们支付的工资远低于其他企业；同时，这些全球价值链参与者可能会根据国际工资成本差异来进行调整。

6.2 基础设施和制度

在这三个国家中，经济的开放，包括一定程度的贸易便利化和国内管制放宽，是全球价值链参与的先决条件，并影响到所有企业。企业提到了一些参与全球价值链的障碍，如某些监管措施和延迟等，通过创建特区（像中国以前和越南现在的做法），可以在一定程度上避开这些障碍。良好的基础设施也很重要，全球价值链参与者的地理集中反映了这一点。即使内陆地区的工资更低，全球价值链参与者通常也选择靠近港口。

越南的调查,特别询问了企业对主要出口障碍的看法。对所有企业而言,官僚主义和监管都是出口的头号障碍,对外资企业尤甚,在应对越南复杂的监管环境时,外资企业面临更大的困难。越南国内企业还将缺乏有效的出口支持服务和贸易融资渠道视为重要障碍。全球价值链企业和非全球价值链企业的反应,形成鲜明对比。与非全球价值链参与者相比,官僚主义与监管、公用事业、电力和电信基础设施对全球价值链参与者更重要;而对于非全球价值链企业,缺乏出口支持服务是更大的障碍。在所有企业中,有25%认为公路和铁路基础设施是出口障碍,这在外资企业和国内企业或全球价值链企业和非全球价值链企业之间没有太大区别。有15%的企业认为,越南缺少专业机构帮助企业遵守国际认证标准是出口障碍,同样的,这一点在不同所有制企业或参与和不参与全球价值链的企业之间差别不大。总的结论是,越南促进出口主要应改善官僚制度这一软基础设施,而不是在硬基础设施上花钱。

6.3 技能、工业能力和所有制

虽然要素禀赋和成本方面的国家差异明显导致了全球价值链现象的国家差异,但中国和印度的企业调查并未体现出这种差异,因为调查不是为回答这个问题而专门设计的。分析中国企业数据得到的一个令人惊讶的结果是,全要素生产率对参与全球价值链决策的边际影响,要么在经济上微不足道,要么在100%的出口加工企业中是负向的。这可能表明,效率更高的企业不出口,或者更有可能的是,它们主要做一般出口而不是加工出口。

关于印度的背景论文,最突出的结果是,将全球价值链参与和体现竞争力或创新的变量以及规模联系起来。因果关系的方向很难厘清。Aggarwal 和 Steglich 认为,生产率更高的企业更有可能参与全球价值链。Meyer 提供了全球价值链参与引发流程和产品创新的证据。总体印象是,在一个大多数企业仍处于全球价值链参与初步阶段的国家，全球价值链这个选项，帮助了更有活力的企业，还可能提高了它们的竞争优势。

印度案例研究中的证据，与中国的研究发现相反。中国的情况是：出口加工企业的生产率往往较低，而且与非参与者相比，这些企业参与全球价值链对生产率的影响是负面的。对这一结果的一个解释可能是，到了世纪之交，生产率更高的企业已开始从全球价值链内的劳动密集型出口加工活动，升级为同时符合国内外客户需求的技术密集度更高的活动。

关于工业能力的重要性，虽然微观数据未强化宏观分析的研究发现，但存在这种可能性，即在企业层面，工业能力也很重要，只是调查企业认为它是国家层面而非企业层面的因素，而将它忽视了。例如，在中国工资成本不断增加的形势下，当三星决定手机组装厂的选址时，选择的是越南而不是其他低工资的东盟国家（柬埔寨、老挝和缅甸），这些国家可能在工资方面更具吸引力，但没有河内及其腹地的工业经验。

关于全球价值链参与，另一个重要因素是企业的所有制。例如，在中国，是否参与全球价值链，与企业所有制类型有关。90%以上的100%出口加工企业是外资企业或外国附属企业。在全球价值链企业中，出口加工密集型企业往往属于中低技术产业，而在2002年，从事100%出口加工的企业，其生产率水平最低。相比之下，中国私营企业占非全球价值链参与者的71%以上。从平均水平来看，与全球价值链企业相比，非全球价值链企业的规模更小、杠杆率更高。多变量分析强化了研究结果：外资所有制是全球价值链参与的重要决定因素，这在经济上和统计上都是显著的。

6.4　地理位置决定因素及其对贸易格局的影响

当地条件是全球价值链参与者选址的重要决定因素。在越南，全球价值链参与度最高的是永福省（河内西北部）和平阳省（靠近胡志明市），它们的可达性和省级竞争力排名非常靠前。[1] 三星的大型手机组装厂位于北宁省,该省靠近河内,并通往海防港。同样引人注目的是,中国的全球价值链参与者,大多集中在江苏、上海、浙江的老工业中心,以及香港附近的其他沿海城市;印度的全球价值链参与者(包括专栏 5.2、5.3、5.4 中的 3 家案例研究企业),大多在班加罗尔设有总部。

与预期相符,中国的非全球价值链企业在没有出口促进区的省份占比更大。这表明,在分析中有必要纳入特区指标。然而,越南政府向工业区和出口加工区的投资者提供的优惠措施,吸引投资者的作用十分有限。将全球价值链参与的决定因素割离开来,对每种因素分别进行分析的一个问题是,参与决策很可能取决于一系列因素,而不同因素的权重因行业而异,甚至有可能因产品链而异。以中国为例,多数经济特区位于沿海省份,这意味着,全球价值链参与和有出口促进区的省份之间的相关性,可能包含了其他区位优势的影响。

进口投入品和出口目的地的地理格局因行业而异。在电子行业,越南的全球价值链贸易大部分发生于东亚和东南亚,中国、日本和东南亚提供了规模差不多的进口投入品,主要出口目的地是日本,其次是东南亚国家(主要是马来西亚和泰国)。相比之下,对于纺织品、服装和皮革制品,进口投入品绝大部分来自中国台湾,产出品主要出口到美国。木制品和家具行业拥有更多元化的进口来源和出口目的地。在所有行业中,越南在全球价值链中的角色,主要是跨国公司的附属企业进行劳动密集型组装,而其国内企业主要提供低增加值的服务和投入品。

除了上文讨论的特区的影响之外,这三个国家的政府都提供了政策支持,有意或间接地增加了对全球价值链参与的激励。也有证据表明,特别是上文所述的来自越南的证据,繁琐的官僚制度不利于全球价值链参与。政策问题和政策选择将留到第三部分进行更全面的分析,但这里的企业层面的证据提供了一些指标,说明了政策在多大程度上影响了全球价值链参与决策。

---

1 《越南省域竞争力指数》是在美国国际开发署的支持下每年编制的,具体请访问 http://eng.pcivietnam.org/uploads/78910-PCI%202016%20report_final.pdf。

当出于政策建议的考虑而梳理本章所提供的证据时，必须意识到，将过去的经验作为政策依据是危险的（如卢卡斯批判）。全球价值链参与者往往倾向于集聚。这可能反映了外部规模经济，也可能反映了良好的基础设施——全球价值链不可避免地涉及组件的跨国运输。试图人为地创建一个新的集群，可能注定要失败，因为决策者不了解促使某种特定活动成功集聚的外力。[1] 本章证据强化了第一部分的结论，即全球价值链参与和已存在的能力有关，这也是为什么全球价值链集群都在成功的工业区周围（如班加罗尔、江苏和浙江、河内和胡志明市）。从这个角度来看，一个政策启示是，应在教育、培训、技术能力和研发领域进行投资，或改善基础设施，降低国际贸易成本，来提高工业能力。

---

1 基于 1993~2012 年的中国数据，Lu 等（2016）发现集聚对集群内的企业和行业产生了混杂的效应。集群的成熟度不同，影响也不同；新兴集群往往会对同一地区的行业产生负面影响。

第 7 章

全球价值链参与的结果：企业层面的证据

从总体来看，参与全球价值链，对 GDP、就业、工资、生产率和全球价值链升级有正向影响，这也正是全球价值链现象涌现的原因。更有趣的问题是，参与全球价值链所带来的增长的包容性和可持续性。企业层面的微观分析十分重要，可以解释在何种条件下、在什么维度上，参与全球价值链的结果可能是正面的或负面的。

7.1 产量、就业、工资和生产率

融入全球价值链一直是中国产量和制成品出口快速增长的核心特征，但很难从中分离出全球价值链的影响。严格来说，中国在 1978 年改革开放前已经实现充分就业，但劳动力从农业向制造业的大规模转移，反映了边际产量由低到高的工作转型。这种转移还有一个重要的性别维度，虽然涌入工厂的年轻女性早期可能没有很好的就业条件，但她们摆脱了农村家庭经济最底层的地位，现在至少还有一些可自由支配的收入。

如果没有国家的贸易和产业政策鼓励企业参与全球价值链低端的出口加工，从长期来看，中国经济是否能变得更好？与此有关的争论仍在继续，因为各方很难就当时可能存在的替代方案达成共识。关键的一点是，中国在世纪之交已经开始了全球价值链上的升级。Girma（2018）的背景论文使用匹配的中国企业数据和海关数据库，展示了参与全球价值链对一系列企业绩效变量产生的积极因果效应，这种影响在经济上和统计上都是显著的，至少在中国加入世界贸易组织后的几年中是这样。如果从工资、企业销售额或生产率增长的角度来看，全球价值链参与取得了巨大的成绩。

Girma（2018）的背景论文量化了不同程度的全球价值链参与对企业绩效的影响，包括就业、工资、销售和全要素生产率增长。Girma发现全球价值链参与对就业、工资和销售增长有积极影响，而且影响是稳健的。从不同程度参与全球价值链的企业的结果变量的简单描述性统计来看，全球价值链企业在就业、工资和销售增长方面的表现明显优于非全球价值链企业。

全要素生产率增长受到的影响是混杂的。只有从事"一般出口"的企业，其全要素生产率的平均增长为正。分位数分析显示，出口加工参与度最高的企业，即中等和高等出口加工企业，其全要素生产率受到了有利的影响，特别是处在全要素生产率增长分布较低端的企业。但是，应谨慎对待这种无条件关系，因为与全球价值链参与无关的很多因素也在发挥作用。

目前看来，全球价值链参与产生的收益，在很大程度上归功于参与东南亚生产网络的企业。这一结果支持了第一部分关于区域价值链重要性的结论，以及中国崛起成为贸易大国在一定程度上要归因于其融入亚洲生产网络的假设。与向其他目的地出口来料加工品的反事实状态相比，在东南亚的全球价值链参与，似乎促进了工资、销售和全要素生产率增长，但是没有发现就业效应。这可能说明，与全球价值链相比，区域价值链提供了更好的升级机会，但这些只是初步证据。

来自越南的证据更有力，范围更窄，这主要与2007年以来全球价值链相关的外国投资规模有关。在兴建北宁省的手机组装厂之前，三星在越南只雇用了少量劳动力（见附录的案例研究6）。到2017年底，三星在越南雇用了10.9万名半熟练工人，他们都是高中毕业生，7%拥有大专学历，4%拥有大学学位；3/4是女性。2008年至2014年，越南通信设备和电子组件行业的工资增长了一倍多，这可能是三星的劳动力需求大幅增加所致。在此期间，制造业就业人数从320万人增加到 580 万人，通信和电子行业的就业增长更快。

与印度的经济规模相比，印度的全球价值链参与度较低，不太可能对本国劳动力市场产生重大影响。班加罗尔周围全球价值链活动的聚集，可能会影响当地市场，但是班加罗尔的繁荣不仅仅归功于全球价值链。

7.2 技术转移和生产率

有生产者参与全球价值链的国家最关心的是，技术转移或生产率的提高是否有助于该国逃离价值链的最低端环节；即使成功克服了这一挑战，也担心中等收入陷阱会阻碍各国占据全球价值链的最高附加值环节。原来的"亚洲四小龙"（中国香港、韩国、新加坡和中国台湾）已经证明，这种陷阱可以避免，但并不是必然能避免的。在本报告提到的三个国家中，中国的升级最明显，正如红领和创捷的案例研究所示（见附录的案例研究 1 和 2）；而印度还未开始挖掘全球价值链升级的可能性。在升级方面，越南最近的经历是最复杂的。

与未参与全球价值链的国内企业相比，在技术转移和联合产品设计方面，参与全球价值链的越南企业获得了更大的支持。Tusha 等（2018）的背景论文得出结论：成为全球价值链的一部分，有助于本地企业获得支持，特别是外国买家的支持，但与生产率的相关性并不显著。一般而言，全球价值链联系对国内企业的生产率有积极影响，但是在分析全球价值链参与对企业获得支持和生产率的影响时，有很多同步发生的变化混杂其中，很难将全球价值链参与的影响剥离出来。

Coniglio 探究了全球价值链参与者和国内企业之间的后向关联和前向关联。纺织品、服装和皮革制品、汽车、电子产品和金属制品（涵盖主要全球价值链行业）的企业，其本地采购量非常低，尤其是位于工业区和出口促进区（超过半数外资企业的所在地）的企业。多变量分析证实，即使在控制行业、省份和其他变量时，与越南的其他企业相比，属于全球价值链一部分的越南外资企业产生的后向关联也要低得多。然而，加入一个"入境时间"变量的结果表明，外资企业在越南经营的时间越长，其发展出的国内联系就越多。

Tusha等（2018）更深入地研究了联系的程度和强度。他们发现，外资企业更倾向于与越南的其他外资企业建立联系，而不是与越南本国的企业建立联系。他们对全球价值链关联与生产率之间关系进行分析，结果发现，国内企业有可能通过向全球价值链中的外资企业销售产品来提高其生产率水平，同时识别了知识密集型联系发展的必要条件。这些条件包括外资企业和异质国内企业之间的吸收能力和技术差距。这重申了之前阐述过的一个前提条件，即需要具备一定的工业能力；这些能力不仅对初始的区位决策很重要，对全球价值链内的升级也很重要。

越南的企业调查数据，对于每家企业，提供了有关买家数量和供应商数量的信息，以及从某类买家或某类供应商处购买或销售的投入份额或产出份额。根据受访者所报告的他们在产品质量升级、生产过程效率提升、融资渠道、工人培训、技术转移和联合产品设计方面收到或提供的支持，来衡量企业关联的强度。这6个方面，每个方面对应一个0~1的指标，企业支持的总体指标是6个指标的加总。从总体来看，当地供应商从越南境外的外国买家处得到的支持最多，而从越南国内的外国买家处得到的支持最少。在所有买家中，大多数支持都是为了提高产品质量和提升效率。国内买家在融资渠道和员工培训方面提供了更多支持，而无论是在越南还是在国外，外国买家都在技术转移和联合产品设计方面提供了更多支持。

不同特征的企业，也存在获得支持的异质性。例如，技能水平较低的企业在培训方面获得更多支持，老企业从各种类型的买家那里获得多种多样的支持。

总之，越南在技术转移和全球价值链升级潜力方面的证据，令人失望。一个有趣的传闻说，三星曾为潜在的越南国内供应商举办活动，并得出结论，所有活动参与者都不具备成为一级供应商的必要特征。这表明，技术升级（如全球价值链参与）取决于已经具备的工业能力。然而，正如轶闻中所显示的，三星手机全球价值链可能具有某些特殊之处，使得越南本国企业需要经过极大的跨越才能成为一级供应商，也有可能三星只是更愿意与韩国的一级供应商合作。

7.3　企业社会责任

本节主要报告来自越南的证据,因为与中国或印度的企业调查相比,本项目中使用的越南数据能提供更多有关企业社会责任的信息。[1]

在 21 世纪,越南在吸引外国投资者方面非常成功,这些投资者选择在越南从事全球价值链中的非熟练劳动密集型生产。特别是自 2007 年加入世界贸易组织以来,越南政府已经制订计划并通过立法,旨在刺激外资企业与国内企业的联系,并吸引更高质量的投资,即在全球价值链中升级。一般而言,近期的政策已经开始关注确保企业遵守环境规范并认识到企业社会责任(CSR)。但是,直到 2014 年《企业法》颁布,才正式在立法中明确提及这一点。企业社会责任的定义通常包括,以有利于企业和社会整体发展的方式,通过遵守环保标准、促进性别平等、符合劳工准则和福利、满足社会发展和质量保证,来致力于可持续的经济发展。

2010 年《能源效率法》要求企业使用节能技术,减少污染。2014 年《环境保护法》提供了节能或减少污染的激励措施,并对环境破坏行为(如排放、使用农药和塑料袋)采取征税和其他惩罚措施。企业必须按照国家标准制订能耗计划和环境保护计划。然而,使用 2010~2015 年的数据进行分析时,几乎没有证据显示出对能源强度的影响或全球价值链参与者与国内企业之间的差异。但也有可能,现在检验这些影响还为时尚早。

有证据表明,在全球价值链中经营的外资企业,更倾向于雇用女性,但工资差距可能高于越南本国的非全球价值链企业。[2] Coniglio(2018)关于越南的背景论文证实了正向的就业效应,但发现工资差异反映的是生产率差异,而非歧视。Coniglio 发现,与国内企业相比,外资企业向女性和男性非熟练工人支付的工资更低。外资企业雇用的女性员工比例高于越南本国企业(多 7%~10%),全球价

1　本节内容以 Thang(2018)和 Coniglio(2018a)的背景论文为依据。
2　例如,参阅 Chen 等(2013)关于中国的研究。

值链中的外资企业和国内企业的女性就业比例高于非全球价值链企业。因此，全球价值链参与和女性就业增加有关，它往往会吸引原本从事非正规活动的工人，但全球价值链企业会出于提高国际竞争力的考虑而压低工资。

Coniglio 估计，越南的性别工资差异在很大程度上反映了生产率的差异，因为女性在低工资、非熟练劳动力活动中的比例过高。对于熟练工人，性别工资差异更为明显，但也是反映了生产率差异，而不是工作场所的歧视。[1]这不排除教育体系中存在歧视的可能性，男性有可能获得了在工作中更有价值的技能。

总之，越南的外资企业为女性提供了更多的就业机会，尽管这些工作主要是低技能岗位。外资企业为高技能女工创造的就业机会很少，这很可能是因为越南的比较优势是劳动密集型的低技术活动。净效应是为女性创造正规部门的就业机会，但对性别工资差距的影响不大。减少性别工资差异，需要国内技能获取的改变，以及全球价值链内任务升级。根据 2014 年《投资法》，政府向雇用大量女工的企业提供税收优惠。

许多接受案例研究访谈的企业都热衷于提及它们的企业社会责任书。它们认识到，在选择全球价值链合作伙伴时，企业社会责任活动可能影响龙头企业的行为，但是通常很难确定企业的声明是否转化为行动，以及企业社会责任的行动是否有成效。在研究越南企业的国际贸易和企业社会责任实践时，Newman 等（2018）发现，劳工标准合规、企业社会责任承诺和国际市场参与之间存在密切关系；仅看出口企业，发现企业社会责任活动的参与程度与贸易伙伴密切相关，例如，与向美国出口的越南企业相比，向中国出口的越南企业很少参与企业社会责任活动，他们认为这反映了不同出口市场利益相关者偏好的差异。

---

1 Chen 等（2013）得出类似的有关中国工资和生产率的结论，但他们的数据有限，只能做技能差异的分析。

第三部分

结论与政策启示

第 8 章　结论与政策启示　101

8.1　政策启示　102
8.2　参与全球价值链的最基本条件　105
8.3　支持全球价值链参与的政策　106
8.4　支持在全球价值链内升级的政策　114
8.5　结论与未来发展　118

第 8 章

结论与政策启示

全球价值链的出现和迅速扩张改变了我们对贸易的思考方式，并对工业能力的包容、可持续发展带来了新的挑战和机遇。"亚洲四小龙"（韩国、中国台湾、新加坡和中国香港）等东亚经济体的成功发展已经表明，可以通过融入全球价值链来发展国内的工业能力。在日新月异的国际贸易和投资环境中，新兴国家的不断涌现表明，尽管充满挑战，但这条道路仍然可行。

正如报告的前几章所示，中国、越南、印度和其他东南亚国家（在不同程度上）已迅速融入了全球价值链，并不断提高参与度。然而，前方的道路依然荆棘密布。越南借鉴亚洲其他国家的经验，通过引进外资而融入了全球价值链，但与国内企业的关联不大。投资和贸易自由化战略似乎不足以保证国内企业融入全球价值链，而且参与全球价值链所带来的收益在很大程度上受到政策环境、相关价值链的性质或参与类型的影响。

在考虑政策工具时，根据本报告前两部分的结论，得到一些重要的启示。具体如下：

- 贸易政策，国际贸易的低成本（时间和资金），以及物流和金融服务的可得性，是全球价值链参与的重要因素；
- 参与全球价值链，需要一定程度的国内竞争力，而政策有助于发展国内企业的能力；

- 区位很重要，全球价值链参与者经常是集聚在某一区域，但特定集群位于特定位置的原因，可能很难确定；
- 经济特区可以鼓励全球价值链参与并促进集聚，但并无充分证据表明它对全球价值链参与决策做出了独立的贡献；
- 全球价值链内的升级不是自动的，它与国内竞争力有关，可能需要有针对性的支持，来了解企业面临的具体挑战（如提高技能水平），但是教育、基础设施等方面的普遍改善也有所帮助；
- 某些全球价值链比另一些全球价值链有更好的升级潜力；
- 全面升级应当包括社会和环境的可持续性。

8.1 政策启示[1]

以上几点表明了政策在促进全球价值链参与和升级中的作用。实际上，正如联合国工业发展组织（2015）《全球价值链和发展报告》中所指出的："……随着全球化的发展，全球价值链在经济发展中的重要性日益增加，问题不再是发展中国家是否参与全球价值链，而是它们如何参与，以及如何充分利用机遇，并克服可能出现的挑战。"2015年的这份报告，还对全球价值链要实现的许多发展目标的复杂性提出警告（见专栏8.1），其中一些目标可能相互矛盾或阻碍全球价值链参与。

专栏 8.1　全球价值链参与的 12 个人类、社会、经济和环境目标

价值链发展目标有很多，主要涵盖人类、社会、经济和环境目标，包括：
- 经济发展
- 减少贫困

---

[1] 本节和下文以 Mavroedi（2018a，2018b）的背景论文为依据。

- 工业发展
- 进口替代
- 促进出口
- 区域发展
- 企业发展，尤其是中小企业的发展
- 提高增加值
- 为特定群体创造收入
- 增加就业
- 创造有良好工作条件的体面工作
- 环境的可持续性

联合国工业发展组织（2015）提供的这份清单，说明了目标的复杂性，特别是当政府从长远考虑、不满足于传统经济目标时（如发展和结构变化、减少贫穷和地区差距以及改善贸易平衡）。然而，正如这份报告所指出的，全球价值链参与和升级有助于实现这些目标，也有助于实现包容的、可持续的经济发展目标，让人们从事体面工作。政策挑战在于，尽管一些目标可能是互补的（例如，如果工人是从低生产率的农业劳动中转移出来，全球价值链内的劳动密集型工作可能促进就业和经济发展，如果增加雇用女工的比例，可能促进性别平等），但其他目标可能相互冲突（例如，拒绝污染企业的迁入，有利于促进环境的可持续性，但要以牺牲就业为代价）。

政策工具可以放入一个阶段框架内。在已知的政策工具中，找出那些与全球价值链参与的最基本条件、促进参与并最终实现升级有关的政策工具。图 8-1 展示了这种程式化的框架。

图 8-1 参与和升级的政策：整体框架

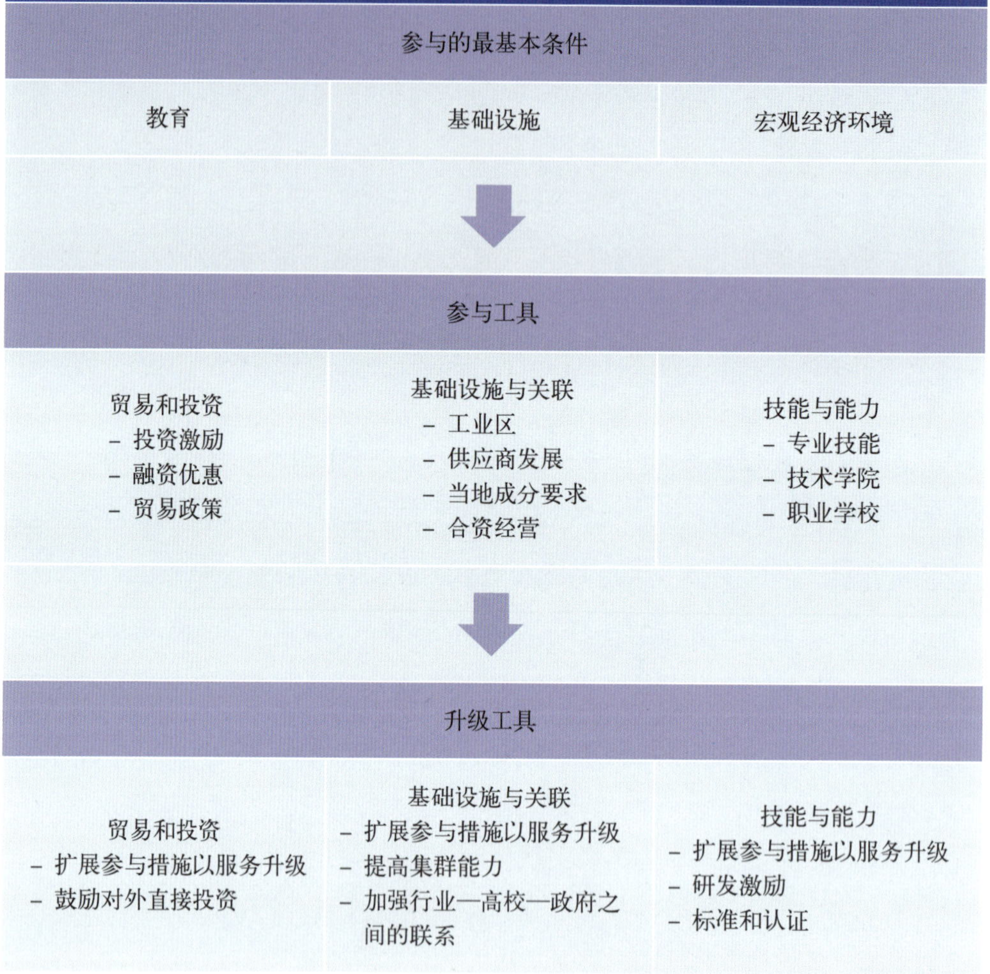

参与的最基本条件		
教育	基础设施	宏观经济环境

⬇

参与工具		
贸易和投资 - 投资激励 - 融资优惠 - 贸易政策	基础设施与关联 - 工业区 - 供应商发展 - 当地成分要求 - 合资经营	技能与能力 - 专业技能 - 技术学院 - 职业学校

⬇

升级工具		
贸易和投资 - 扩展参与措施以服务升级 - 鼓励对外直接投资	基础设施与关联 - 扩展参与措施以服务升级 - 提高集群能力 - 加强行业—高校—政府之间的联系	技能与能力 - 扩展参与措施以服务升级 - 研发激励 - 标准和认证

资料来源：联合国工业发展组织根据 Mavroedi（2018b）的背景论文编制。

首先，参与并不容易，并且存在一些最基本的进入条件。如果没有这些条件，外商直接投资不可能流入，国内企业也无法成功出口。这些条件包括教育、基础设施和有利的宏观经济框架。

其次，一些政策工具可以支持全球价值链参与。参与的基础是吸引外商直接投资，并且建立可成为供应商的国内企业（或者成为跨国公司在境内的子公司的供应商，或者成为出口供应商）。为吸引外商直接投资，可采用一些熟知的措施，例如，激励外国投资者、建设专用基础设施、为劳动力提供专业技能培训。通过鼓励外商直接投资发挥正向外溢效应、增加当地成分，或坚持将合资所有制作为一种进入方式，可以促使外资企业与国内企业建立联系。同时，政策可以支持理想行业（或更确切地说，价值链）中潜在供应商的发展。最后，尽管创新似乎遥不可及，但仍要通过建立能促进技术转移和应用的机构，强调技能发展，以及建立能鼓励利益相关者互动的机制（如协会和论坛），以尽早建立国家创新体系的基础。

随着供应商能力的提高，政策工具可以将重心转移到促进升级上。虽然一些政策工具是新的，特别是那些能进一步提高创新能力的工具，但以前的政策工具可以扩大范围，以打造更有能力的国内外供应商群体。这其中包括，例如，重视集群发展，从重视吸引外商直接投资（如之前的特区）转变为重视企业之间的合作和竞争，以及通过相应的手段来促进这种转变。从这个意义上讲，教育、基础设施和宏观经济环境这三个基本条件，还要继续完善，要不断利用这些基本条件来改善有利于促进技术进步和工业能力积累的其他条件。这些政策工具可以帮助开发专有资产、促进关系链的参与，或成功开发能从事更广泛的研究、设计、制造和生产后期任务的模块化供应商。

在详细分析这些工具之前，有必要强调，全球价值链存在很强的异质性，各国参与全球价值链的模式也有所不同，实际经历因国家条件和行业专业化程度而异。因此，虽然可以对合适的政策进行概括，但实施取决于国家的具体情况以及特定全球价值链的性质。

8.2 参与全球价值链的最基本条件

如果不满足一些最基本条件，一个国家的企业就不可能参与全球价值链。这些条件包括国际贸易的低成本（时间、资金和不确定性）和相关零部件的低贸易壁垒。贸易协定可以帮助全球价值链龙头企业确保一个国家对开放的承诺。[1] 良好的软硬基础设施，通常也很重要，确保了营商和跨境交易的便利性。良好的国内治理、可靠的信用保证、政府的廉洁性是成功参与全球价值链的最基本要求，单一窗口和绿色通道等措施则为全球价值链提供额外支持。[2]

第一部分和第二部分的宏观和微观证据表明，虽然贸易自由化和便利化可能必不可少，但它们并不是全球价值链参与的充分条件。全球价值链参与国本身的工业能力（包括教育水平和基础设施）也非常重要。虽然研究中没有突出强调，但价格合理、汇率稳定的有利宏观经济框架至关重要。[3] 对于决策者而言，上述因素都不是新的，无论是否由全球价值链引导发展，这些因素都是发展的重要条件。

8.3 支持全球价值链参与的政策

采用吸引出口型外商直接投资、鼓励国内企业成为跨国公司境内子公司的供应商或成为出口供应商的政策工具，可以促进全球价值链参与。为了吸引外商直接投资，并且鼓励国内企业参与全球价值链活动，可采取定向措施，如有选择的自由贸易制度、投资激励措施、工业园区等专业基础设施，以及为劳动力提供专业技能培训，还可以推行更有针对性的供应商发展计划或措施，如当地成分要求和所有制要求。

吸引外商直接投资可能是融入全球价值链的最快方式。外国子公司带来的资

---

1 例如，签署世贸组织的《信息技术协议》，对许多电子产品的全球价值链参与都很重要。
2 单一窗口允许一次性办完所有过境手续，而不必将移民、海关、检疫、车辆保险等需要与不同官员打交道的工作分开。绿色通道允许贸易商在边境选择无须申报的通道，就像旅客在国际机场一样。
3 亚洲电子行业全球价值链的参与者希望实现对供应链价格可预测，这一需求使它们对人民币兑美元汇率很敏感。2015 年 8 月至 2017 年 2 月，马来西亚、韩国和中国台湾对人民币的币值变化做出了回应，而较少参与电子行业全球价值链的印度尼西亚和菲律宾则没有做出反应（Thorbecke，2018）。

本、技术和管理技能可能优于国内可用的资本、技术和管理技能。最重要的是，它们带来了全球价值链生产过程、运作方式、结构和治理以及市场相关的知识。另外，通过在价值链上国内没有参与的环节引进外商直接投资，可以快速增加一个行业产生的国内增加值（绝对值）。

但是，将全球价值链与国内经济联系起来的能力，取决于与外商直接投资接洽的努力程度、外商直接投资进入的方式以及国内经济的吸收能力。促进全球价值链与国内经济联系的政策空间已经缩小，但并未完全消失。政府仍然可以推动外资企业与国内企业密切合作。从这个意义上看，必须扩大政策工具的范围，以涵盖能进入价值链的国内企业，而不是只向外国投资者提供优惠条件。与此同时，外商直接投资的利益可能与当地的发展目标不一致，而且对外商直接投资的依赖可能会增加外部市场波动时的风险。关注国内需求和更均衡增长的宏观经济管理，以及缓解可能的外部冲击的措施，都很重要。

8.3.1 贸易和投资激励

各国经常采用投资激励措施，使对目标行业的投资更具吸引力，或鼓励更多的资本和技术密集型生产。通常使用的激励措施包括，企业所得税的免税期、优惠税率、递延税负、某些支出的扣除、降低进口关税、投资补贴、税收抵免和增值税豁免或减免。还可以采用非税收激励措施，如培训和研究补助金、利率补贴、基础设施和公用事业费用折扣。

对某些活动实施优惠的投资政策并不是一项新措施，而是一种"经典"的产业政策工具。如果考虑以下几点，这些投资措施可以与全球价值链策略兼容。

- 激励措施不仅适用于特定行业，还可用于鼓励目标价值链中的特定活动。当参与全球价值链是主要目标时，可以为带来最多全球价值链参与机会的行业（如电子、纺织和汽车零部件）提供激励。
- 激励措施可以以进入全球价值链的商业计划为前提条件（或者至少考虑过商业计划）。例如，外国买家订单的可信计划、参与外贸展会的记录、国内外投资者协会的成员资格等。这可能需要额外的机构支持，以便收集申请人的这些信息。
- 激励措施可以奖励先驱者（Rodrik, 2004），以实现全球价值链参与的多样化。
- 可以对能够证明其业务已与现有外商直接投资挂钩的申请人进行奖励。

融入全球价值链需要建立生产设施，发展有形资产（资本设备、技术许可）和无形资产（受过良好教育的员工、培训、边做边学）。长期融资对于满足这些需求至关重要，通常由专业化的开发银行或产业银行提供。获取资本的便利性，可以提高企业参与价值链和在价值链上升级的能力。与针对全球价值链的运作制定激励措施相似，可以为目标价值链中的特定活动提供优惠的长期融资。

与全球价值链相关的融资，还涉及为中小企业供应商提供融资。[1] 在某些情况下，价值链领导者能建立贷款担保协会，以帮助中小企业获得商业信贷，而在极少数情况下，它们实际上可以提供企业间融资。确保金融机构认识到参与全球价值链的中小企业的需求，可以帮助企业以低成本满足自身的流动性需求。这需要在金融系统内加强能力建设，制订符合中小企业供应商需求的特定计划，并通过专门机构协助供应商申请信贷。

促进全球价值链参与的另一种工具是，促进出口。虽然全球价值链主要与外商直接投资主导的贸易有关，但向海外零售商和其他分销商出口仍是参与全球价值链的主要渠道，特别是在买方主导的价值链（如食品、其他农产品的价值链）或在简单制造活动中。考虑到这一点，不应忽视传统的出口促进手段，但应重视将出口商与价值链中的中间商或买家联系起来。

8.3.2 基础设施与关联

基础设施对整体发展有重要意义，在全球价值链的背景下，良好的基础设施尤其重要。由于生产是进口密集型的，运输延误和其他不可预见的问题可能会严重影响最终产品的生产。完善的物流和运输基础设施有助于减少库存、降低装卸

---

[1] 参阅 Humphrey 和 Navas-Aleman（2010）。

成本、缩短交货时间，并成为吸引外商直接投资的法宝和国内供应商的优势。这方面的政策努力应侧重建立现代化的基础设施，改善大型船舶的通道，通过允许不同承运人运营来提高灵活性［可参阅（Blyde，2014b）了解详情］。除了硬基础设施外，物流支持服务（如货物装卸、存放、仓储、供应链可视性和越库配送）的改进也是一种优势（参阅同上）。在其他硬基础设施项目中，ICT和电力基础设施也很重要。

改善整个国家的基础设施可能是一项艰巨的任务，但在工业园区就比较容易了。工业园区可以建设在主要基础设施（如港口和机场）附近，也可以通过良好的公路和铁路基础设施与其相连。此外，工业园区可提供专门的共享基础设施，供区内企业使用，从而降低单个企业的投资成本。例如，中国苏州工业园区（SIP）提供了一些国内最好的园区基础设施，在道路、电力、给排水、废水处置、燃气供应、广泛的电信服务（包括宽带和国际漫游）、有线电视、供暖和土地平整方面投入了巨资（Zeng，2016）。

为融入特定的价值链，园区基础设施可能特别重视这些价值链中的制造过程需求。例如，越南缺乏废水处理设施被认为是阻碍纺织品生产投资的原因之一，纺织品生产涉及染色，这是一个污染严重的过程（Tran，2012）。在半导体组装和制造中，电力的稳定性和随时可用性至关重要。马来西亚必须建造独立的发电站，为库林高科技园区提供稳定的电力，以吸引该行业的投资。

联合国工业发展组织之前已有报告区分了不同类型的经济特区。工业园区是最简单的经济特区，其定义是根据一套综合计划，将一片土地进行开发，划分成不同板块，并提供道路、运输和公用基础设施（UNIDO，1997）。在发达经济体中，工业园区通常将仓库和配送中心集中在一起，以满足分区要求，并解决当地社区的拥堵或污染问题。在低收入国家，工业园区可以成为一种发展工具，对全球价值链参与者来说尤其如此，它们需要可靠的投入品和产出品运输通道，以及可靠的电力和通信。越南最近出现的一个转折点是建立生态工业园区，以提高经济绩效并减少不利的环境影响（Tudor、Adam和Bates，2007）。

经济特区是指贸易法律和税收制度与该国其他地区不同的指定区域。它的一般规定具有灵活性，既可以为出口加工活动而定，也能以任何特定方式而定制。经济特区通常有以下一项或多项目标：吸引外商直接投资，创造就业机会，或作为新政策的试点地区。与工业园区一样，经济特区的总体目标可能是实现马歇尔外部性，生产者在地理上集聚能更好地获得劳动力和其他投入，包括专业服务以及新的创意。

在全球价值链的背景下，经济特区对消除官僚机构的拖延尤为重要，而官僚机构的拖延是严重阻碍全球价值链各个生产阶段之间及时交付的祸根。成功的经济特区都有良好的基础设施，包括将货物运输到港口的交通基础设施，而且没有不利的管制措施。它们也可以灵活地应对全球价值链参与的特定障碍，例如，位于泰缅边境的湄索经济特区允许泰国和其他企业雇用缅甸工人从事劳动密集型工作；如果不是将特区设在泰缅边境而是设在泰国内地，那么大规模移民会引起政治争议。

除了良好的基础设施，以及免于进口税、其他税和管制之外，经济特区可能还包括其他的政策激励。[1] 还有一种做法是，不考虑区位，普遍提供这种激励。自2015年以来，越南对加入全球价值链的国内生产商的政策激励有所改善，尤其是2017年11月出台的《扶持产业发展法令》（见表8-1）。2016~2020年，越南为《扶持产业发展计划》分配了超过5000万美元的预算，并于2017年初正式制订计划，其目标是为参与全球价值链的国内生产商提供服务。其活动包括联系企业，提供工商管理、日常管理和人力资源开发培训，研发技术转移，以及为企业创建和提供数据库。继2014年启动中小企业发展基金之后，2017年，越南政府宣布为中小企业提供额外的激励措施，以帮助国内企业克服资金困难。

---

[1] 通过工业园区或经济特区吸引外国投资者的战略，应当避免导致各地之间的恶性逐底竞争。如果许多城市或省份相互竞争，试图提供最优惠的财政待遇或更宽松的环境法规，就会出现这种情况。

表 8-1 针对供应链产业企业的补贴和激励措施	
补 贴	财政和其他激励措施
• 研发将由《扶持产业发展计划》资助;政府报销高达50%的试点生产项目支出 • 研发单位的建设项目有权享受土地租赁优惠政策,并可报销高达50%的研发设备采购费 • 报销高达50%的原型产品研发支出 • 对使用85%以上国内采购原料的材料生产项目,报销高达75%的技术转让支出 • 部分报销商标注册费用、国内/国外参展和市场准入所产生的费用	• 符合71/2014/QH13号法令规定(之前不适用于扶持行业企业)的税收优惠(企业所得税税率为10%,最长15年,4年免税期,自取得应纳税收入起9年内减税50%) • 对用于制造国内无法获得的固定资产和组件的货物免征进口税 • 由国家投资信贷基金以投资信贷利率提供贷款 • 信贷机构和外国银行分支机构的短期本币贷款利率不超过国家利率上限 • 以投资信贷和免除水面/土地租金的形式为中小企业提供额外激励

资料来源:Tong 和 Seric(2018)的背景论文,源自第111/2015/ND-CP号法令。

除了良好的基础设施外,成功参与全球价值链的另一个关键因素是,全球价值链与国内经济的关联。通过与外国子公司建立垂直关联,国内企业可以融入全球价值链。虽然一些关联可能自然发展,但也可以采用政策工具来解决困难和瓶颈问题。这一点尤其重要。由于技术密集型组件的标准十分严格,当地采购通常仅限于简单的零件,如塑料外壳和金属零件,或工厂用品(如工作服和简单的机器零件等)。此时,可以利用政策工具,改善与能为技术学习提供更多空间的零部件生产者之间的联系。

同样值得注意的是，虽然形成联系对于参与全球价值链非常重要，但国内供应商在整个价值链中的地位和升级前景还取决于外国子公司所属的价值链类型和市场定位。将企业与出口型外国子公司联系起来，意味着企业是作为出口产品供应商来参与全球价值链的，这就要求企业特别重视达到全球标准和规模，而这可能很难达到。与寻求国内市场的外商直接投资相关联意味着，技能培养的方向可能是组装产品，使产品适应国内市场，以及分销和销售活动。在此情形下，可能需要更多的政策支持，来发展企业未来的出口能力。此外，企业的选择可以极大地影响可能发展的联系。证据表明，当技术差距较小时，关联更加紧密，因为技能水平较高的企业无法轻易找到具备适当能力的本地供应商。[1]

三星在越南的手机工厂是全球价值链参与的一个特例，如果没有三星的技术和大规模融资，这本来是不可能的（见附录的案例研究6）。然而，在如何鼓励向越南企业转移技术，以及该项目是否会使技能提升方面，越南面临政策挑战。在某些情况下，可以通过与外资企业组建合资企业来促进技术转让，如 Hical 的案例研究所示（见附录的案例研究5）。合资企业是中国在20世纪80年代和90年代从封闭经济向全球贸易商转型的一个关键特征。吸引外国投资者的一个因素是，其合资伙伴更熟悉国内法规和用工制度。

当地成分政策是确保外国投资者在当地提供就业机会或接受国内投入品供应的一种方法。当地成分政策可以采取多种形式，但由于其主要目的是偏好国内供应商，而不是进口供应商，因此有可能违反世贸组织成员的义务（在任何法律或法规中，都要对进口产品和国内产品一视同仁）。这些义务没有约束力（例如，它们涵盖了商品，但对服务和公共采购却含糊不清）。自2008年以来，当地成分规则的使用，似乎有所增加。对当地成分政策的两个调查，得出了相反的结论。Hufbauer 等（2013）对当地成分规则方面的发展感到失望，认为它削弱了贸易的潜在收益，一个保守估计是在2008年至2013年间该规则给全球经济带来的成本达到930亿美元。而 Weiss（2016）则对这方面的发展表示赞赏，认为它为希望

---

[1] 参阅 Amendolaigne 等（2013），以及 Kokko、Tansini 和 Zejan（1996）。

培育新兴产业的发展中经济体提供了更多的政策空间。

案例研究说明了当地成分规则的缺陷和前景，以及如何实施的重要性。例如，在建设风电场时，巴西要求在本地采购60%的组件。Weiss（2016）指出，尽管当地成分可能很高，但该计划在鼓励扩大风电产能方面并不十分成功，部分原因是本地组件成本高。相比之下，中国的汽车行业是一个成功案例，它的当地成分规则适用于国内生产商，以及与外国汽车制造商组建的合资企业。在20世纪80年代和90年代，这些规则与世界贸易组织的规则不相容，例如，进口组件的关税根据组件的进口比例进行调整（组件的进口比例越高，则征收的关税会相应较高）。继2001年中国加入世界贸易组织后，当地成分政策已经有所改变。

8.3.3 技能、技术与工业能力

除了改进高等教育和职业培训等更广泛的措施外，还可以通过在价值链所需的特定领域提高劳动力的技能来加快融入目标全球价值链。可以在工业园区或经济特区或更大的产业集群中，收集并确定这些特定需求，并通过国家提供或公私合作的方式实施激励措施，为企业提供具备必要专业知识的劳动力资源。相关培训和熟练劳动力资源的制度化提供，可以吸引更多的投资流入目标价值链。

在此阶段，开始建立国家创新体系也很重要。加强创新体系的战略，与全球价值链参与和升级战略高度互补。尽管当一个国家刚刚进入全球价值链时，创新似乎遥不可及，但仍要建立能促进技术转移和应用的有关机构，尽早建立国家创新体系的基础；在这一过程中，促进互动十分关键。

专业研究机构可以开发资源，供目标价值链中的当地企业以较低的成本使用。它们可以在技术问题上提供资源（如关于专业设备及其使用和维护的建议），在质量控制、安全管理和其他需求领域提供培训和其他能力建设措施，或提供测量和认证服务。它们还可以通过获取技术并使其适应当地企业的需求来提供帮助。在许多情况下，这些机构在发展中国家已经存在，但资金严重不足，与当地行业没有充分联系。为当地行业、外国投资者和研究机构（以及其他中介机构）创造互动的空间，并确定当地的能力需求，有助于将有限的资源用于存在需求的

领域。

系统中不同参与者之间的互动，有助于创造和分享新知识，因此需要从系统的角度来看待事物。促进系统中核心参与者（国内外企业、研究机构、金融中介机构和其他机构）之间的互动，可以提高国内创新体系的活力。举办与目标全球价值链参与和升级相关的论坛和其他活动，以及创建相关的行业协会，可以促进此类互动。

总的结论是，图8-1中的全球价值链参与工具可能很有用，但需要谨慎应用。本报告中描述的行业分析和案例研究提供了成功的合资企业和激励外国投资者的例子。国际承诺（如世贸组织成员资格）可能限制某些政策工具的使用，但正如当地成分政策的相关讨论所述，它们并未严重影响理想的政策空间。

8.4　支持在全球价值链内升级的政策

全球价值链中的升级面临相似的问题。上一节列出的关于全球价值链参与的许多措施可用于促进升级，方法是使相关优惠政策工具的制定更加雄心勃勃，更多地侧重于能力的发展而不仅仅是建立关联。升级基本上需要扩大先前政策工具的范围，以打造更有能力的国内和国外供应基地。教育涉及更高水平的学校教育和更专业的培训。基础设施改善不仅包括公路、铁路和港口升级，还包括先进的货物跟踪和高速可靠的互联网连接。贸易便利化可以从消除过境点的腐败转变为推行通用表格单证和单一窗口以及基于有效风险分析的电子清关。全球价值链利用跨国成本差异，同时也从根本上考虑有效连通性，以最大限度地减少库存需求。在确保国内存在这些条件，并尽可能设定更高的国家标准方面，政府发挥着重要作用。

鉴于升级需要技术和工业能力的积累，下文将集中讨论三个主要相关领域：①提高集群能力；②完善创新体系；③加强优质基础设施与合格评定服务。

8.4.1 提高集群能力

从广义上讲，工业园区被认为是吸引投资和融入全球价值链的关键战略。在升级方面，政策重点转移到支持集群发展，而不论该集群是否由旨在吸引外商直接投资的园区发展而来。两种情况下的原则相似，即支持集群发展的目标通常是提供可供集群企业使用的专业基础设施和服务，从而减少单个企业的单独投资。然而，通过研究集群，我们要关注集聚的力量、它对知识溢出的好处、专业技能的发展，以及促进灵活专业化的可能性。

支持集群发展的重要理由之一是，地理接近性可能产生技术溢出效应（Porter，1989）。地理接近性让企业家和员工的见面与交流更加方便，劳动力的流动会强化这一点。此外，行业集群创造的更大市场为企业间的分工创造了动力，导致集群边缘出现更专业的设备和服务供应商。劳动力的专业化技能也得以发展，这可以减少单个企业在培训方面的投资。促进能够从这种溢出效应中受益的行业集聚，可以提高集体效率并使行业具有全球竞争力。

集群也与全球价值链的运作有关。参与到集群中的企业，包括中小企业，有能力通过集群开发的外部联系加入全球价值链。这意味着，集群可以专注于价值链的某个特定环节，而不必覆盖整个生产过程。集体进入全球价值链意味着，企业升级的能力受到所在集群的集体效率，以及集群所属价值链的治理模式的影响（Giuliani，Pietrobelli 和 Rabellotti，2005）。

考虑到集群的类型不同、集群出现的方式不同、集群所属行业和价值链不同，干预措施不能是一刀切的。可以采取多种方式加以支持，包括已在本报告各处讨论过的很多工具，具体如下。

- 完善基础设施。集群通常集中在有相关基础设施的工业园区。即使在集群自发出现的情况下，修建设施也能促进集群的可持续发展。除了工业园区内的标准基础设施之外，集群基础设施应该更重视建设共享设施，不仅在提供集体服务（如废水管理或测试服务）方面，而且在促进互动方面也该如此，这也是集群的主要优势之一。特别适合中小企业和初创企业的空间也是必不可少的。

- **提供创新工具。** 尽管共享的创新设施可能属于基础设施，但需要强调的是对服务的需求，服务可以促进流程和产品升级。除了进行技术信息传播之外，还可以建立能满足当地集群需求的设计和研究中心。专业的测量、测试和认证中心也特别有用。在集群内建立这些设施的优势在于，利益相关者的升级需求更容易识别，因为集群内部存在一定程度的产业专业化。

- **建立沟通渠道。** 同样，鉴于互动对于塑造集群竞争力至关重要，通过设立机构建立企业之间的沟通和网络会非常有用。这包括建立协会（特别是当协会不是纯横向的，而是将价值链中的参与者聚集在一起时）；组织特定的网络构建活动和论坛，将利益相关者聚集在一起讨论重要问题和共享培训或研究项目。

- **帮助获取要素投入。** 专业人员的可获得性和资本的可获得性，是限制增长的两个重要因素，特别是对于小公司而言。与当地大学或职业学院合作，由其提供技术人员和集体培训，可以在一定程度上填补专业人才的不足。通过建立专门在集群内运作的金融机构，提供定制服务，可以改善资本的可获得性。

- **给予市场支持。** 帮助集群赢得客户或对努力进入价值链的企业给予鼓励，可能是一个重要的政策工具。供应商开发计划可以根据集群水平加以调整，并强调升级，而不是简单的全球价值链参与。

- **重视支柱企业。** 尽管并非所有集群都需要支柱企业，但在发展中国家的集群中，大型国内企业或大型跨国公司往往成为集群出现和垂直整合的动力。大型企业的创新以及对投入品生产本地化的投资，可能产生显著的涟漪效应，如中国台湾的新竹科技园（HSP），它依赖政府主导的一项大型计划来启动增长；另一个例子是，由跨国公司牵头的印度班加罗尔IT产业集群。

8.4.2 完善创新体系

在创新体系不完善或不成熟的发展中国家，全球价值链中的知识流动对于企业能力的发展具有重要意义。但是，创新体系内的互动可以帮助企业发展额外的能力，特别是在其他领域（不一定在买方—供应商的互动范围内）实现升级。

随着工业部门的日益全球化和科技含量的增加，特别是在化学、电气工程、电子、电信以及生物技术等领域，需要更多地关注技术能力。现在更为重要的是，提供科学技术方面的高级培训，以提高吸收能力。与此同时，企业需要具备独立开发技术的能力，因为升级的障碍屡见不鲜，知识产权制度也越来越严格。[1]

在考虑创新体系时，采用全球价值链视角，可以为战略投资和合作提供一个焦点。首先，将外国买家纳入本地创新体系非常重要，无论外国买家是否位于国内。这意味着，让它们参与相关的论坛和讨论，并为国内供应商的联合研发项目和能力发展建立联盟。其次，无论是对企业的研究资助，还是对研究机构的研究资助，都应考虑企业的升级轨迹，以确定资助的优先领域。最后，让对目标价值链重要的研究和服务供应商（如测试和认证机构）进入创新体系，使这些价值链的升级成为可能（见下文）。

8.4.3 加强优质基础设施与合格评定服务

全球价值链的结构是，龙头企业及其主要市场大都位于发达国家，如美国、欧盟和日本。因此，产品及其子组件通常需要满足外国或国际标准中体现的安全、环境、技术和道德方面的标准。一些标准对于进入市场是强制性的，而另一些标准是自愿的，后者通常以社会和环境可持续性为目标。一般而言，从政府到私营部门和非政府组织，各方都参与标准的制定和管理。

标准能促进贸易，但也可以成为贸易壁垒，将不能满足这些标准的不太成熟和规模较小的出口商拒之门外。它们不能满足标准，可能是由于缺乏信息和资

---

[1] 参阅 Mazzoleni 和 Nelson（2007），以及 Pietrobelli（2008）。

金，也可能是因为需要集体行动（后者在农产品中尤为重要）。另外，标准可实现更细的分工，并保证系统的互通性，从而实现生产的规模效益。标准还允许进行更精确的测量，以便于产品之间的比较，从而实现价值链的运营。

对全球价值链中的买家来说，供应商满足规定标准的能力是一个重要的吸引力（亚洲开发银行，2014）。但是，成本可能很高，包括升级相关基础设施、开发系统及实践、培训员工，以及构建审计和认证能力（亚洲开发银行，2014）。

支持供应商满足各自行业的标准，是一个重要的政策维度，特别是当供应商转向更复杂的生产时。支持的措施可包括对实验室和其他设施（提供认证、认可和其他相关评估）的投资（亚洲开发银行，2014）。

马来西亚政府为当地企业提供测量和测试服务也属于这一范畴。马来西亚的ICT技术研发中心MIMOS设有实验室，能以补贴价格提供各种先进的可靠性、故障分析和晶片/集成电路测试服务，以降低电子产品供应商的个体成本。同样，槟城技能发展中心（PSDC）是一项公私合作计划，拥有东南亚大型电磁兼容实验室之一，并提供其他共享测试服务。通过这种测试服务，供应商可以较低的成本确保达到质量和安全标准，这比将样品送到海外实验室或自己投资设备的成本低得多。

8.5 结论与未来发展

虽然通常根据全球价值链对收入和就业的贡献对其进行评估，但可持续发展目标提醒我们，在评估全球价值链参与时，需要牢记长期的经济、环境和社会影响（见专栏 8.1）。全球价值链参与，为工业化提供了一个重要的起点。新兴经济体应有目的地利用全球价值链来发展制造业和出口能力，以实现有广泛基础和可持续发展的工业化。除了经济方面之外，许多全球价值链通过将女性纳入正规劳动力来促进包容性增长，但这种结果不是必然的，而且关于女性是否在管理层面参与全球价值链的争论更多。全球价值链参与的环境影响通常被忽视，尽管

Meng 和 Tang（2018）的背景论文显示，其负面影响可能是间接的、巨大的。期待全球价值链参与者承担更大的社会责任是一项积极举措，但它不能取代政府所提供的良好的社会政策，也不能成为对某些全球价值链参与者的行为熟视无睹的借口——这些参与者对企业社会责任只是口头敷衍，而在实际工作中（如职业健康和安全方面）却应付了事。

* * *

展望未来，必须意识到全球价值链相关变化的重要性，而且变化正在加速。越南参与全球价值链之后，过去十年劳动力市场和出口构成的快速、剧烈变化体现了这一点。在企业层面，印度摩索贝尔公司的案例说明了根据变化及时调整经营的利害得失（见附录的案例研究 4）。该公司积极响应存储装置向软盘、再由软盘向 DVD 光盘转变的技术变革，但它错过了从 DVD 光盘到 U 盘的技术变革，此后该公司面临严重困难，而不得不重新定位。这种特定产品的发展趋势很难预测，即使对于已成为其细分市场领导者的企业也是如此。

提高灵活性，说起来容易做起来难。教育只是答案的一部分，应提升通用技能，而不只是专门的培训和职业教育。[1] 过度监管是灵活性的敌人。在马来西亚，一直下降的全球价值链参与度已引发关注，而新加坡担心其在电子行业全球价值链中的作用正在减弱。

金融发展与灵活性相对应，因为一些潜在的企业家具有良好的创意，却可能因信贷可得性不足而受到限制。一个管理良好的金融行业会在过度监管（导致偏好低风险项目的逆向选择）和监管不足（超出存款保险，从而产生道德风险和过多的冒险行为）之间找到平衡。一个有效的金融行业应具备优秀的信贷员，他们能充分评估风险和回报，以避免过多的不良贷款。但是，良好的监管机构和信贷员需要培训和经验的积累，这需要时间。

---

1 这是一个旧论点；Schultz（1975）认为通用技能在不均衡的情况下尤为重要。在苏联解体和从中央计划经济过渡后，家庭调查证据表明，具有职业资格和特定任务经验的高级专家是最大的输家，而拥有更广泛分析技能的普通学位的大学毕业生是表现最好的群体，特别是女大学毕业生（Anderson 和 Pomfret，2003）。

全球价值链中的服务化限制，以及服务和制造功能分离的限制，尚不清晰。苹果和三星采取相反的策略，苹果将所有制造业务外包，而三星保持对制造功能的控制。2010年左右，三星将其组装业务从中国转移到越南，而苹果的一线合作伙伴富士康则在中国西部开设了新的大型工厂。这两种策略中，应该有一种在降低生产成本方面成效更为显著，但是苹果和三星的相对成功可能均取决于设计和功能以及内部化和生产成本。

一些更广阔的未来发展是可预测的。Baldwin（2017）强调了从19世纪第一次分拆（unbundling）以来的变迁，当时运输成本下降导致生产地与消费地（即最终品贸易）的分离增加；到20世纪后期的第二次分拆时，贸易成本下降导致生产任务（即全球价值链）分离。第三次分拆与信息和通信技术的变革有关，虚拟面对面通信能有效替代实际面对面交流。这种变革可能扩大全球价值链龙头企业的地理范围，使全球价值链日益成为全球性而非区域性的价值链。可以通过企业对潜在供应商和客户的搜寻，来描述这种发展。过去，它们的目光只局限在当地。在过去的一个世纪中，它们已放眼全国，然后是整个区域，未来还会关注全球市场。

这些过程因产品而异。当寻找最佳供应商是由高质量标准而非成本驱动时，如波音787全球价值链或Hical公司的案例，那么价值链已经真正全球化。对努力参与全球价值链的国家来说，这种模式既是挑战，也是机遇。本报告强调的国家能力与工业和技术能力将变得越来越重要，而缺乏能力将阻碍全球价值链的参与和升级。对于执行日常重复性任务的全球价值链参与者来说，自动化是其面临的可预测威胁，特别是，自动化威胁发展中经济体的低技能和半熟练就业（Hallward-Driemeier和Nayyar，2017）。例如，富士康的一些工厂是机器人的主要采用者。在关键能力中，与自动化互补的能力具有重要意义。

全球化和全球价值链形成的一个影响是集聚现象的增加，经济活动倾向于在城市聚集。第三次分拆使集聚的发生地模糊不清，或许变得难以确定，因为初始区位与动态规模经济相关联。第三次分拆可能会削弱东亚区域价值链的优势，或许可以加速全球价值链的全球性发展，或者可以加强大都市（不一定在亚洲）的作用。

附 录

案例研究

全球价值链与工业发展

来自中国、东南亚和南亚的经验

GLOBAL VALUE CHAINS AND INDUSTRIAL DEVELOPMENT: LESSONS FROM CHINA, SOUTH-EAST AND SOUTH ASIA

案例研究 1	中国创捷供应链有限公司	
	（SJET Supply Chain Co.）	123
案例研究 2	中国红领集团（Red Collar）	125
案例研究 3	印度戈卡尔达斯出口有限公司	
	（Gokaldas Exports Ltd.）	127
案例研究 4	印度摩索贝尔有限公司	
	（Moser Baer India Ltd.）	128
案例研究 5	印度 Hical 科技有限公司	
	（Hical Technologies）	131
案例研究 6	三星电子越南有限公司（SEV）	134

案例研究 1
中国创捷供应链有限公司（SJET Supply Chain Co.）

创捷供应链有限公司是一家供应链平台供应商，通过智能供应链系统来匹配供给和需求。它将信息、物流和资金流整合到 B2B 跨国平台，为出口型企业提供全面的贸易服务。该平台包括大约 5000 家供应商、100 多家出口型企业和数十家银行。客户主要来自信息技术、消费电子产品、通信产品、快速消费品、医疗设备、新材料和新能源等行业。目标客户的资产在 40 万美元至 4 亿美元之间。除了供应链信贷融资外，创捷供应链有限公司还提供其他服务，如进口材料、物流、分销、信贷审查、报关、最终产品出口，以及整个价值链中的其他活动。

从 20 世纪 80 年代开始，创捷科技有限公司的创始人作为个体商人，通过销售技术产品积累了初始资产。1992 年，中国香港的投资在深圳大幅增加，他看到了将电子产品从香港引入深圳、再从深圳引入内地的机会。1995 年，创捷科技有限公司作为一家电脑配件贸易公司成立。1997 年，它与技嘉科技有限公司（中国台湾）合作，成为电脑组件（包括主板、VCG 卡和软驱）的代理商。

中国加入世界贸易组织进一步打开了国内市场，引发了激烈的竞争。电脑组件的代理市场很快饱和，因此创捷科技有限公司开发了自己的产品，于 2003 年进入安全集成系统领域。该公司通过与西门子和其他国际公司的合作获得技术支持，并负责进口和出口这些公司的消费电子产品。政府鼓励企业通过与国际高科技企业合作，获得经验，进行技术研发。创捷科技有限公司对国际制造商（如 Jizhan 电子科技有限公司）进行投资。虽然创捷科技公司在研发方面取得了进展，但代理业务仍是主要的利润来源。

2007 年，创捷供应链有限公司与创捷科技有限公司分离。新公司在通关、产品采购等方面逐步加强了物流服务，但最初两年发展缓慢。现任 CEO 在 2009 年作为小股东加入公司，他解决增长缓慢的方案是从为单独企业提供业务流程外包转变为促进整个价值链的发展。在国内中小企业开发自己的出口型电子产品时，创捷供应链有限公司优先考虑电子产品的供应链整合。

2009 年，公司开始转型，参与整个价值链，并在全球范围内建立了利益相关者生态系统。在该生态系统中，供应链管理者（即相关行业的中小企业）和供应链协调员（创捷）从事核心工作。供应链管理者负责管理产品的订单和价值创造。供应链协调员通过控制三个平台（虚拟生产管理、供应链物流和香港的营销业务），专注于整合材料、资本和信息流。项目设计、生产等，可在该生态系统中共享。创捷供应链有限公司的生态系统使中小企业能够进入全球价值链，并增加从全球市场获得的利润。

借助互联网和信息技术，创捷供应链有限公司在 2012 年进一步开发了 SAP 系统和 B2B 平台，促进了整个价值链的信息协作。通过与凯捷咨询公司（Capgemini）、IBM 和领先的国际软件供应商合作，这一过程得以加速，同时公司培养和聘用的人才也为持续增长做出了贡献。对整个价值链中的买方和供应商的需求和能力的相关数据进行维护，可确保快速准确地匹配供需。

为配合新的业务模式，该公司在 2013 年将其组织结构扁平化为三个主要业务部分：前端、中端和后端。后端由信息、财务、培训、清算和风险控制系统组成，是严密精确的。前端是灵活的业务中心，由五个彼此交互的业务组构成，每个业务组都有明确的业务方向：商业和销售、产业链、生态系统、创新和智能终端。中端通过与客户和技术团队的互动，将前端和后端联系在一起。所有订单都通过数据库进行管理，该数据库能促进业务流程的标准化和集成。供应链管理服务涵盖从材料采购到出口的一系列流程，它能使客户专注于自身的竞争优势。

例如，创捷供应链有限公司为小规模手机公司提供了帮助。这些公司能识别海外客户并开发适当的产品，但由于缺乏资金、议价能力较弱、生产能力较小或者其他问题，它们往往无法履行所有海外订单。在它们与国外买家达成协议后，创捷为它们提供服务平台。例如，A 公司是深圳的一家手机设计公司，经过与创捷供应链有限公司五年的合作，已在海外成功地打出了自己的品牌。当创捷供应链有限公司在香港的运营平台（创联）收到 A 公司的客户支付的定金后，虚拟生产平台（五洲通）负责按照 A 公司的规范进行全球材料采购。由 A 公司确定的关键组件的供应商，必须在风险评估后，获得创捷供应链有限公司的批准；如果 A 公司无法识别可用的供应商，创捷供应链有限公司会推荐适当的供应商。所有物料都运至创捷供应链有限公司的仓库进行分类，然后送到服务平台上的工厂，这些工厂是根据 A 公司的要求自动匹配的。在此阶段，创捷供应链有限公司将提前支付材料费用。在生产过程中，成品的质量控制和检验由 A 公司负责。货物由创捷供应链有限公司指定的物流公司交付给创联，然后交给海外买家。在 A 公司与银行协商付款后，创捷供应链有限公司负责货币兑换结算、退税等事项。创捷供应链有限公司和 A 公司之间的结算是最后一步。由于创捷供应链有限公司监控与进出口相关的活动，其他活动由其平台上的公司接管，A 公司可以专注于研发和关键业务决策，积累资金和经验，为开发自有品牌铺平道路。这有利于 A 公司的产品升级，并增强其在全球市场上的竞争力。

案例研究 2
中国红领集团（Red Collar）

从一家小型乡镇企业开始，红领集团积累了制造专业知识和资本，进而在服装出口大幅增长时成为大规模生产商。转折点出现在 2003 年，当时信息技术在中国开始蓬勃发展。淘宝网（由阿里巴巴集团运营的中国在线购物网站）于 2003 年推出，许多服装企业利用"商家对客户"平台作为新的销售渠道。红领集团探索了制造过程的数字化，通过"制造商到客户"平台成为大规模定制商。制造商在平台上直接与终端客户互动，例如，如果海外百货商店的顾客想要购买定制西服，他/她可以使用销售人员提供的便携式系统来完成设计过程，客户的数据会传输到红领集团的制造工厂。红领集团没有在海外市场大量投资，也不依靠实体经销店。此外，红领集团鼓励客户自己设计，这减少了对传统服装制造过程中成本高昂的专业设计师的需求。

红领集团于 1995 年在山东省青岛市成立。该集团的前身是一家乡镇企业。当时，响应 1978 年后的改革开放，为满足国内批发市场的需求，很多乡镇企业成立起来。红领集团前身的业务仅限于小规模生产，产品范围很窄，只是一些手工品。红领集团成立后，除了在国内经营其自有品牌外，还以贴牌方式为外国品牌生产服装。从初期阶段开始，红领集团就投入巨资引进世界一流的加工设备。为了从众多竞争对手中脱颖而出，红领集团从意大利进口面料和辅料，以确保高品质，尽管费用高昂，但集团依然邀请意大利的时装设计师，以紧跟全球时尚潮流。

在 21 世纪最初的十年，红领集团与来自美国、意大利、德国和其他欧盟国家的知名合作伙伴合作。贴牌生产的收入远远超过了国内市场的销售额。当时红领集团的使命是增加产能，提高效率以降低可变成本。然而，产品同质性、出口量飙升和价格暴跌引发的问题导致激烈的竞争和对新渠道的需求。

2003 年，在互联网技术的影响下，集团创始人决定将经营模式从大规模生产转向大规模定制。最初，小规模的定制服务仅针对纽约市场，而贴牌生产仍然是红领集团的主要业务。新聘用的程序员与内部技术工人合作多年，以开发全球定制平台。根据其业务转型，红领集团逐渐实现了扁平化的组织结构，将管理费用减少了至少 20%。加上生产成本降低 30%，服装定制的净利润率从 2011 年的 2.8% 增加到 2015 年的 25%。

2005 年至 2015 年，集团投入巨资，通过开发全球服装定制网络平台，完成了从传统制造到定制式生产的转型。2011 年，服装定制仅占总销售收入的 10%。2015 年，服装定制收入占总销售额（11 亿元人民币，约合 1.8 亿美元）的 96%，净利润率为 25%。集团的成品，特别是定制西服，可在七个工作日内交付。红领集团的海外销售额大部分来自主要零售连锁店或裁缝店，2015 年 70% 的定制订单来自美国、加拿大、意大利和其他欧盟国家。在海外市场成功运营后，红领集团立即着手刺激国内定制服装销售的增长，同时致力于通过自己的品牌推广（包括 Red Collar、R.Prince、Cameo 和 RCollar）改善国内市场的运营。

随着时间推移而积累起来的生产数据，使企业能够建立自己的数据库，并使生产过程模块化。在提交测量数据（通过红领集团的特殊方法收集）后，客户可以设计自己的西装，并挑选面料和辅料。系统自动完成制造安排，包括服装制版、向员工传输数据，以及过去依赖人工完成的其他流程。2015 年，集团成立了制造研究中心、数据研究中心、组织创新研究中心和另外 8 个研究中心，在 2015 年完全实现了定制生产，当年的销售额和利润均翻了一倍多。

在出口退税政策及其高品质的经营理念的支持下，红领集团在亚洲金融危机中幸存下来。中国加入世界贸易组织后，红领集团开发了更多的海外客户，并于 2003 年开始向服装定制转型。这不是巧合，而是深思熟虑的结果。这些年来的一系列政策，有目的地引导企业从低端生产向高端制造转型。

案例研究 3
印度戈卡尔达斯出口有限公司（Gokaldas Exports Ltd.）

戈卡尔达斯公司是印度领先的服装出口商之一。自 1978 年成立以来，它一直为全球大型零售商提供服务。它开始是一家在毛里求斯注册成立的印度服装出口公司。1985 年，它被并入印度一家私人有限公司，Blackstone F P Capital Partners（毛里求斯）作为主要控股公司。它增建了第二座制造厂，并开始按照定制采购安排向美国出口。凭借最先进的设计能力和制造设施，它提供涵盖各类男装、女装和童装的复合产品和多样化的产品组合。

如今，戈卡尔达斯是一家通过 ISO 9001:2001 认证的公司，它在卡纳塔克邦、泰米尔纳德邦和安得拉邦各地拥有 20 家生产厂。它的总产能允许每月生产 250 多万件服装，员工人数约为 2.5 万人。它根据 Abercrombie & Fitch、Adidas、All Saints、American Eagle、Arvind Brands、Banana Republic、Benetton、Camel Active、Chicos、Columbia、Diesel、Decathlon、DKNY、Esprit、Gap、Grasim、Guess、H & M、Hollister Hurley、Jack Wolfskin、Land's End、Lee、Marks&Spencer、Mexx、Macy's、Nike、Northface、Old Navy、Puma、Reebok 和 Reid&Taylor 等

国际知名品牌客户的许可而生产服装。

该公司面临的主要挑战是来自越南、柬埔寨、孟加拉国和斯里兰卡等新兴经济体的竞争，特别是那些获得进入主要市场优惠机会的最不发达国家。公司面临的另一个问题是，各国不同的包装和标签要求、海关和检验程序（特别是在欧盟和美国市场），以及不断变化的标准和质量规格。例如，在 20 世纪 90 年代，德国禁止使用彩色染料给公司造成了重大损失。品位和偏好的不断变化使公司将重心转向新设计，并引发连续技术升级，如改进技术密集型 CAD/CAM 系统、3D 打印和 3D 大规模定制技术；随着计算机辅助设计和相关技术的引入，劳动密集型服装行业正逐渐成为资本密集型行业。

作为企业社会责任目标的一部分，戈卡尔达斯积极致力于解决与性别平等、消除贫困、可持续性、教育和健康有关的问题。戈卡尔达斯遵守印度2015年《上市义务和披露要求条例》第 49 条规定的公司治理准则。该公司创造了大量就业机会，女员工/男员工比率高于其竞争对手。戈卡尔达斯很重视环境问题，它遵守各种国际规范，并经常进行环境和能源审核。它还有意识地改善适应员工健康和安全需求的健康工作环境。在可持续发展方面，它取得的成就包括：牛仔布洗水厂的反渗透装置确保回收 85% 的洗涤水；在 6 家工厂试运行外围太阳能照明设施，然后推广到所有工厂；大多数生产厂已通过《全球有机纺织品标准（GOTS）认证》。

案例研究 4
印度摩索贝尔有限公司（Moser Baer India Ltd.）

印度摩索贝尔公司于 1983 年在新德里成立，当时它与日本的 Maruzen 公司和瑞士的 Moser Baer Sumiswald 公司进行技术合作。当时，存储设备已成为 IT 行业的主要消耗品；21 世纪头十年的中期，摩索贝尔成为全球第二大光盘制造商，占全球市场份额为 17% 左右。技术是该公司在 20 世纪 80 年代和 90 年代快速增长的主要原因，但是当新技术的引入使它的存储设备技术市场份额遭到侵蚀时，它的生存面临技术过时的威胁。从 2007 年开始，它进行生产多元化，进军光伏电池、家庭娱乐领域，后来又进入发光二极管（LED）照明领域。它继续专注于其主要优势：生产经营遍布全球，特别重视质量以及强大的分销网络。促进信息技术和出口的政府政策，以及政府机构优先购买印度制造品可能对该公司有所帮助，但技术乃是其竞争力的关键。

1988 年，摩索贝尔通过生产 5.25 英寸软盘进入数据存储行业；到 1993 年，开始生产 3.5 英寸软盘。该公司迅速响应重大技术变革，于 1999 年建立了一家产能为 1.5 亿件的工厂，用于制造可记录光盘（CD-R）和可记录数字多功能光盘（DVD-R）。光学媒体的战略与在磁盘业务中成功实施的战略相同——建立一个在规模、技术、质量、产品灵活性和流程集成方面与全球标准相匹配的工厂。2003 年，该公司在印度率先推出了下一代存储格式（如蓝光光盘和 HD-DVD）。2007 年，它收购了飞利浦的光学技术和研发子公司 OM&T BV。如今，它是印度唯一的大型磁性和光介质数据存储产品制造商，其出口量约占其产量的 85%。

自成立以来，摩索贝尔一直致力于在低成本、高利润率、高收益、再投资和产能增长的基础上，寻求可持续的经营模式。在此过程中，它与领先的原始设备制造商建立了深厚的合作关系，结果是如今的光介质存储领域的任何全球技术品牌几乎都与它有关。为了保住业务，摩索贝尔专注于升级高速闪存技术。公司根据与 Verbatim 和 Polaroid 的协议，生产存储设备。在低成本大规模制造和提供多种优质产品方面，它现在仍然是全球存储媒体行业的领先者之一。[1] 然而，在市场萎缩的情况下，它从 2004~2005 年开始面临严重的财务问题。而来自中国台湾的竞争对手——CMC 和 Ritek 公司，迅速转战闪存驱动技术领域，并将生产转移到中国大陆，从而大幅降低了成本。

2006 年，摩索贝尔宣布进行多元化生产，进军光伏和家庭娱乐业务领域。在

---

1 该公司遵守 JET、JIS 和 JPEC 规范。顺利通过由不同认证机构（如 DNV 和 CT PAT）实施的《ISO9001:2008》、《ISO 14001:2004》、《OHSAS 18001:2007》、《Disney ILS 审核》和《SA 8000:2008 环境，健康与安全管理和社会责任标准》综合管理体系的重新认证。

某种程度上，这转移了公司的核心竞争力；摩索贝尔的业务是表面的微元件涂覆，即在大玻璃面板上涂覆硅晶片。相关技术是通过投资 Solaria 和 SolFocus 等太阳能技术初创企业获得的。在供应方面，摩索贝尔的战略是，通过与 REC Group、LDK Solar 和 Deutsche Solar 等公司的长期供应协议，获取多晶硅，即用于涂覆太阳能电池板的原料。2007~2008 年，摩索贝尔成立了世界上最大的薄膜太阳能厂。光伏业务部在 2008 年成立时，光伏行业正进入低谷期，这是因为全球经济陷入衰退，而且中国生产商在 2009~2017 年将光伏电池的价格压低了 85%（Carvalho 等，2017）。摩索贝尔经历了艰难的四年。[1]

摩索贝尔娱乐有限公司成立于 2006 年，是印度摩索贝尔的子公司，总部在印度孟买。2008 年，摩索贝尔与 UTV Motion Pictures 签署了特许家庭视频许可协议，并在钦奈建立了数字视频处理设施。摩索贝尔娱乐有限公司以印地语、英语、泰米尔语、泰卢固语、马拉雅拉姆语、卡纳达语、马拉地语、古吉拉特语、孟加拉语、比哈尔语和旁遮普语发布 VCD 和 DVD 格式的家庭视频。该公司还提供非电影节目，如灵修、古典、健康、旅游和教育系列。它通过运输代理商、经销商、自营和特许经营店，以及线上销售，提供产品。

同时，摩索贝尔还想在印度 LED 照明市场上立足。摩索贝尔技术和通用显示器公司宣布签署一项节能白光 OLED 照明的技术许可协议。

摩索贝尔目前负责产品组装，这项工作严重依赖主要来自中国的进口原料。2015~2016 年，原料及包装材料的进口/国产比约为 80:20，远远高于该公司的旗舰产品是存储设备的时期，多元化发展、进入太阳能和 LED 照明领域进一步提升了这一比率。

该公司在 100 多个经济体开展业务，它通过遍布全球的 15 个营销办事处提供服务，同时在印度、美国、欧洲、日本、俄罗斯、乌克兰、埃及、阿根廷、智利、马来西亚派驻业务代表，与光介质存储领域的许多全球技术企业建立了强大的合作伙伴关系。摩索贝尔在光伏领域的整个价值链中占有一席之地，其产品

1　Mishra (2012)。

销往超过 82 个经济体。凭借其在印度太阳能光伏市场上的质量声誉和强大品牌，摩索贝尔希望受益于印度未来在离网和公用事业市场上的潜在需求增长。在国内市场上，它还期待在政府的政策举措宣布后出现新的机遇，并及时收到印度政府的 SIPS 补贴。

摩索贝尔认真履行自己的企业社会责任。它提供了均等就业机会，并遵守《道德与行为准则》，该准则在工作环境的各个方面提供平等待遇。为实现"全民教育"的目标，公司已经为两个村的 82 名妇女开设了成人扫盲班，并通过村里的招生活动促使 692 名儿童接受正规教育。为农村青年推出了高级电脑编程和人格疏导课程，2015~2016 年，有 1228 名受益者。*Nayee Roshni* 是摩索贝尔信托的一项青年发展倡议，其目的是就团建活动、群众动员活动（如街头戏剧）和专题课程（如药物滥用和儿童性虐待）等为农村青年提供多方位培训。此外，它的生计干预措施还覆盖了 6000 多个家庭。通过创造安全生产文化，实现零事故目标，该公司在环境、健康和安全方面发挥了领导作用。材料回收、能源效率和可再生能源是可持续政策的支柱，2015~2016 年，该公司通过内部回收/再利用 36299 个产品包装用木板，节省了 5662 棵树。该公司回收了 2368 吨聚碳酸酯和 162 吨溶剂，使用清洁燃料和电网电力来减少二氧化碳排放，通过安装沼气设备减少厨房垃圾，每天利用厨房垃圾生产相当于半罐液化石油气的沼气。

案例研究 5
印度 Hical 科技有限公司（Hical Technologies）

Hical 科技有限公司是一家 100% 出口型企业，收入主要来自航空航天部门（约 40%），其次是国防部门（约 40%）和医药部门（20%）。技术和创新一直是公司发展的主要推动力，它通过研发、战略股权和非股权合作伙伴关系，致力于在电磁和机电设备领域获得技术领先地位。自 1997 年以来，它迅速发展成为一家高端电磁元件制造公司，成为欧洲、美国和亚洲的领先企业的供应商。如今，对于很多世界领先的航空航天企业，Hical 是唯一能提供 150 种不同类型的自制零件的供应商。

该公司于 1988 年开始运营（当时是名为 Hical Magnetics 的私营有限公司），它在班加罗尔设有制造工厂，为电信和汽车行业的国内客户生产电磁高频变压器组件。1992 年，凭借其出色的电磁设计能力和开发专长，公司决定进入国际市场。国内客户（公营企业）的不可靠，促使公司进行多元化发展，进入航空航天领域，并于 1997 年转型为 100% 的出口型企业（EOU）。

公司成立最先进的"技术开发中心"，研发满足空间与航空航天应用要求的电磁和机电系统，并借此将业务延伸至航空航天领域。通过聘请印度空间研究组织（ISRO）和其他航空航天机构的顶尖人才，它获得了提供端到端解决方案（构思、概念验证、细节设计、原型制作、试验台开发、性能测试和航空航天应用资质认证）的能力。它在设计和开发传感器、机电产品及其子系统，以及液压产品及其子系统方面，拥有世界一流的能力。

2011 年，Hical 与德国 Vacuumschmelze 公司签署了第一个与技术有关的重大战略协议。该协议促成了使用 Vacuumschmelze 的先进电磁芯制造特种磁铁的合作。继中国和马来西亚的合作伙伴之后，Hical 成为向 Vacuumschmelze 提供这些产品的第三家制造商。

2012 年，它与法国 NSE 集团共同成立了第一家大型国际合资企业。新公司（Hical-NSE Electronics 私营有限公司）成为 Hical 科技有限公司的战略部门，以满足印度补偿合作伙伴的要求。此次合作，可以为航空航天、电子、电信和大型工业应用，提供设计、制造和销售集成系统方面的专业知识。作为此次合作的结果，该公司成为印美、印法和印以合同的"印度补偿合作伙伴"。2017 年 2 月，Hical 与通用航空公司签署了一份谅解备忘录，由此确立了双方的正式合作关系，Hical 将成为通用航空公司生产的无人直升机和无人驾驶飞行器的产品集成和制造合作伙伴。

该公司在班加罗尔建有三家制造工厂，它们均配备了最先进的制造工艺。Hical 一直致力于设计和制造高可靠性的电磁和机电产品（电机、电磁阀、传感器和变压器），并为英国宇航公司、波音公司、通用航空公司和洛克希德·马丁公司等企业提供系统集成服务（成品装配和机箱一体化）。产品和服务可大致分为：①按图生产；②设计和开发；③按规范制造。Hical 在美国、英国、法国、意大利和新加坡设有地区办事处，在其他地方通过代理商提供服务。

Hical 为其供应商和分销商制定了严格的规范。通过现场审核，及时和定期地对绩效进行反馈，它在全球范围内采购并管理供应商质量。该公司专门编制了冲突金属政策手册，这是一本倡导高可靠性和质量承诺的供应商手册。除了全球采购外，该公司还拥有 100 多家当地分包商，它们专门从事特殊工艺、钣金、铸造、锻造、铸模和激光焊接。所有三家制造工厂都是海关保税型出口企业。政府允许自我认证和自我担保，从而消除了供应链中的潜在延误，而且整个供应链都由 SAP HANA ERP 系统控制。Hical 还作为 NSE-France 的印度分部，为印度斯坦航空有限公司提供技术服务。

对 Hical 来说，未来的主要挑战在技术和经济方面。在仅限于少数参与者的国际高端技术利基市场中，通过股权和非股权战略联盟进行持续的技术升级，对于生存和发展是必要的。航空航天系统的客户要求遵守一些最严格和最复杂的标准与规范，而遵守这些标准不仅要测试制造过程，还要考察相关的工作文化。Hical 过去成功背后的原因之一是成本低、效益高的技术解决方案，但印度工资上涨正在削弱公司的成本竞争力。一开始很难吸引人才，但留住人才更难；公司特别关注技能的培训和升级，并提供良好的工作条件，以确保员工获得有益的经验。高端技术客户拥有强大的供应商忠诚度，所以新进入者面临很高的准入门槛，但为了保持忠诚度，现有公司需要不断改进，卓越运营，并强化质量意识，这是另一种形式的挑战，特别是它与客户满意度挂钩。

政府激励措施

Hical 已获得以下政府激励：①进口工业投入品无需进口许可证，进口货物免征关税；②从国内关税区向出口型企业提供的产品被视为出口货物，免征消费税；③在满足某些条件的情况下，Hical 享有五年免税期；④在班加罗尔的三家制造厂的土地，根据出口企业计划，以优惠价格获得；⑤根据具体情况，允许将其部分生产流程分包给国内关税区的企业；⑥有一些财政激励措施，促进研发、技术升级和设计创新。

企业社会责任

Hical 承担的企业社会责任活动，包括教育、健康和技能培训。作为一家高端技术公司，Hical 在培养人才时，不存在性别歧视或工资差距。女性就业率较低，是因为公司没有采取特殊措施来增加女性就业人数。它最近增加了促进性别平等和赋予女性能力的承诺。它还采取了适当措施，减少社会和经济落后群体面临的不平等。Hical 也意识到了环境问题的重要性，积极遵守国际规范并经常接受环境审核。它是一家通过 ISO 14001 认证的公司，并将节能视为一项使命。

案例研究 6
三星电子越南有限公司（SEV）

三星公司自 1996 年以来一直在越南运营，最早是生产彩电。自 2007 年以来，通过在手机和相关领域投入巨资（最大的投资当属在北宁省投资 75 亿美元建造的组装厂），它进一步巩固了自己的市场地位。自从该厂于 2009 年开始运营以来，三星公司和三星手机在越南的出口中发挥了重要作用，并引发了对越南参与电子行业全球价值链的评估。2013 年，三星在泰原建造了第二大手机工厂，投资额达 20 亿美元。

2007 年以前，三星在六家工厂制造手机：两家在中国，两家在巴西，一家在印度，一家在韩国。2007 年，为满足全球需求，同时降低中国工厂的集中度，三星考虑另外选址建厂。SEV 于 2009 年开始运营，到 2015 年，越南三星手机产量占所有三星手机产量的 50%。2016 年，越南组装的 Galaxy Note 7 智能手机出现电池故障，与此有关的制造缺陷使扩张过程中断，导致数十亿美元的产品召回和高端型号的停产。2017年，有30%的三星手机在越南组装。2016年，三星占越南商品出口的23%，手机及其零件出口占19%。

SEV获得了慷慨的税收优惠。北宁工厂的经营，在2013年才开始纳税。2016年，三星的3亿美元纳税额约占SEV净收入的15%（三星财务报表中报告的销售额为181亿美元，应税额为19亿美元），低于越南20%的企业所得税税率。2016年，三星投资3亿美元在河内建立了一个研发中心，雇用了1500名员工，使SEV转向更高增加值活动；它也是根据越南《投资法》获得"高科技企业"额外奖励的手段。

2017年底，三星在越南的SEV和其他子公司雇用了10.9万名工人。他们绝大多数是半熟练的工人，其中89%是高中毕业生，7%拥有大专学历，4%拥有大学学位；3/4是女性。虽然三星的工资账单是保密的，但通信设备和电子组件行业的工资在2008年至2014年间翻了一倍多，这可能是三星的劳动力需求大幅增加所致。在此期间，制造业就业人数从320万人增加到580万人，通信和电子行业的就业增长更快。三星对所有供应商进行了检查和审核，以确保遵守其有关劳工权利、工作场所健康和安全以及员工福利的指导原则。

三星报告称，越南的"本地化比率"为57%，"本地化"是指当地保留的所有增加值（包括为再投资保留的利润）。从更一般的意义上说，据三星报告，越南本地商品和服务价值的当地成分占总增加值的40%，与越南官方的说法（30%）比较接近。2014年，只有10家越南本地企业是供应商，其中4家一级供应商提供纸质包装产品。越南的其他63家一级供应商来自韩国（53家）、日本（7家）、马来西亚（1家）、新加坡（1家）和英国（1家）。三星在2017年报告中称，越南供应商的数量已经增加到215家，其中25家是一级供应商，而其余是二级供应商。它们提供的服务（如餐饮服务、休闲旅游、清洁和卫生）或纸质包装产品，没有进入三星实际最终产品的组装和制造阶段。

自2014年以来，三星与越南政府合作，并举办了名为"三星采购交易会"的年度研讨会。第一次研讨会有200多家本地供应商参加，它们想响应三星在当地采购91种零件的计划，但经过评估，三星发现没有一个参会者能够满足要求。

自 2015 年以来，三星还提供了为期三个月的技术咨询计划，将韩国的专家派遣到越南公司，以帮助改善制造流程。截至 2017 年底，三星已招募了 26 家企业参与该计划，预计参与企业的生产率会大幅提高，生产缺陷会显著减少。然而，计划覆盖的企业数目不多。三星强调，不能期望像自己这样的公司花大笔资金来解决本地供应商不足的问题。另一种解决方案是，本地企业明确它们作为二级供应商的角色，同时由一级供应商帮助它们提高能力。[1]

---

[1] 一个例子是在越南投资的韩国注塑成型设备制造商 Woojin 与在西贡高科技园区运营的越南企业 Ninh Nguyen 之间的安排。Woojin 为当地企业提供了 68 台节能注塑成型机，并帮助安装和维护设备，以及培训员工，使 Ninh Nguyen 可以进入三星的全球价值链（《2016 年东盟投资报告》，P.170）。

参考文献

ADB (Asian Development Bank), 2014. *Asian Development Outlook 2014 Update: Asia in Global Value Chains*. Mandaluyong City.

ADB (Asian Development Bank), 2015. *Asian Economic Integration Report 2015: How can Special Economic Zones catalyze Economic Development?*. Manila.

ADB (Asian Development Bank), 2016. *The Role of Economic Zones in Improving Effectiveness of GMS Economic Corridors*. Manila.

Tristan Leo Dallo, A. and Schröder, M., 2014. The Indian Automotive Industry and the ASEAN Supply Chain Relations. In: *Automobile and Auto Components Industries in ASEAN: Current State and Issues*, eds. Research Institute Auto Parts Industries Waseda University, Jakarta: Economic Research Institute For ASEAN and East Asia and Waseda University, pp. 51-114.

Ali-Yrkkö, J., Rouvinen, P., Seppälä, T. and Ylä-Anttila, P., 2011. Who Captures Value in Global Supply Chains? Case Nokia N95 Smartphone. *Journal of Industry, Competition and Trade,* 11(3), pp. 263-278.

Amendolagine, V., Boly, A., Coniglio, N.D., Prota, F. and Seric, A, 2013. FDI and Local Linkages in Developing Countries: Evidence from Sub-Saharan Africa. *World Development*, (50), pp. 41-56.

Anderson, K., and Pomfret, R., 2003. *Consequences of Creating a Market Economy:*

Evidence from Household Surveys in Central Asia. Cheltenham: Edward Elgar.

ASEAN Secretariat and United Nations Conference on Trade and Development (2016). ASEAN Investment Report 2016: *Foreign Direct Investment and MSME Linkages.* Jakarta: ASEAN Secretariat.

Athukorala, P., 2005. Product Fragmentation and Trade Patterns in East Asia. *Asian Economic Papers,* 4(3), pp. 1-27.

Baldwin, R., 2017. *The Great Convergence.* Cambridge, MA: Harvard University Press.

Baldwin, R. and Lopez-Gonzalez, J., 2015. Supply-chain Trade: A Portrait of Global Patterns and Several Testable Hypotheses. *World Economy,* 38(11), pp. 1682-1721.

Baldwin, R., and Venables, A., 2013. Spiders and Snakes: Offshoring and agglomeration in the global economy.*Journal of International Economics,* 90(2), pp. 245-254.

Berlingieri, G., 2013. *Outsourcing and the Rise of Services*. CEP Discussion Paper No. 1199. London: Centre for Economic Performance.

Bilir, L. K., Chor, D. and Manova, K., 2014. *Host-Country Financial Development and Multinational Activity*. NBER Working Paper 20046 (Revised in 2017). Cambridge, MA: National Bureau of Economic Research.

Blyde, J., 2014. What It Takes to Join an International Value Chain: The Firm-Level Evidence. In: *Synchronized Factories: Latin America and the Carribean in the Era of Global Value Chains*, eds. Blyde, J.S., New York, NY: Springer International Publishing, pp. 75-104.

Brülhart, M., 2009. An Account of Global Intra-Industry Trade, 1962-2006. *World Economy,* 32(3), pp. 401-459.

Carvalho, M., Dechezleprêtre, A. and Glachant, M., 2017. *Understanding the Dynamics of Global Value Chains for Solar Photovoltaic Technologies*. WIPO Economic Research Working Paper No.40. Geneva: World Intellectual Property Organization.

Carvalho, V. and Voigtländer, N., 2015. *Input Diffusion and the Evolution of Production Networks*. NBER Working Paper 20025. Cambridge, MA: National Bureau of

Economic Research.

Chaney, T., 2014. The Network Structure of International Trade. *The American Economic Review,* 104(7), pp. 3600-3634.

Coe, N. and Yeung, H.W.C., 2015. *Global Production Networks: Theorizing Economic Development in an Interconnected World.* Oxford: Oxford University Press.

Costinot, A., Vogel, J. and Wang, S., 2013. An Elementary Theory of Global Supply Chains. *The Review of Economic Studies,* 80(1), pp. 109-144.

Dai M., Maitra, M. and Yu, M., 2016. Unexceptional Exporter Performance in China? The role of processing trade. *Journal of Development Economics,* 121, pp. 177-89.

Dallas, M., 2014. Manufacturing Paradoxes: Foreign Ownership, Governance, and Value Chains in China's Light Industries. *World Development,* 57, pp. 47-62.

Dedrick, J., Kraemer, K. L., and Linden, G., 2010. Who Profits from Innovation in Global Value Chains? A Study of the iPod and Notebook PCs. *Industrial and Corporate Change,* 19(1), pp. 81-116.

Defever, F., Heid, B., and Larch, M., 2015. Spatial Exporters. *Journal of International Economics,* 95(1), pp. 145-56.

Djankov, S., Freund, C. and Pham, C.S., 2010. Trading on Time. *Review of Economics and Statistics,* 92(1), pp. 166-173.

Ernst, D., 2014. *Upgrading India's Electronics Manufacturing Industry: Regulatory Reform and Industrial Policy.* Honolulu: East-West Centre.

Ernst, D., 2015. *From Catching Up to Forging Ahead: China's Policies for Semiconductors.* Honolulu: East-West Centre.

Escaith, H., and Timmer, M., 2012. *Global Value Chains, Trade, Jobs, and Environment: The New WIOD Database.* VoxEU. Available at: https://voxeu.org/article/new-world-input-output-database [Accessed May 17, 2018].

Evans, C., and Harrigan, J., 2005. Distance, Time, and Specialization: Lean Retailing in General Equilibrium. *American Economic Review,* 95(1), pp. 292-313.

Furusawa, T., Inui, T., Ito, K., and Tang, H., 2015. *Offshoring, Relationship-Specificity, and Domestic Production Networks.* RIETI Discussion Paper Series. Tokyo: Research Institute of Economy, Trade and Industry.

Giuliani, E., Pietrobelli, C. and Rabellotti, R., 2005. Upgrading in Global Value Chains: Lessons from Latin American Clusters. *World Development,* 33 (4), pp. 549-73.

Guiso, L., Sapienza, P. and Zingales, L., 2009. Cultural Biases in Economic Exchange. *Quarterly Journal of Economics,* 124(3), pp. 1095- 1131.

Hallward-Driemeier, M. and Nayyar, G.. 2017. *Trouble in the Making? The Future of Manufacturing-Led Development.* Washington, DC: World Bank. https://openknowledge.worldbank.org/handle/10986/27946 License: CC BY 3.0 IGO.

Hufbauer, G., Schott, J., Cimino, C., Vieiro, M. andWada, E., 2013. *Local Content Requirements: A Global Problem.* Washington, DC: Peterson Institute Press.

Hummels, D., Ishii, J. andKei-Mu, Y., 2001. The Nature and Growth of Vertical Specialization in World Trade. *Journal of International Economics,* 54(1), pp. 75-96.

Hummels, D. and Schaur, G., 2013. Time as a Trade Barrier. *American Economic Review,* 103(7), pp. 2935-59.

Humphrey, J. and Navas-Alemán L., 2010. *Value Chains, Donor Interventions and Poverty Reduction: A Review of Donor Practice.* Research Report 2010/63. Sussex: Institute of Development Studies.

Johansson, Å. and Olaberria, E., 2014. *Long-Term Patterns of Trade Specialisation*. OECD Economics Department Working Papers 1136. Paris: Organisation for Economic Co-operation and Development.

Johnson, R., 2014. Five Facts about Value-Added Exports and Implications for Macroeconomics and Trade Research. *Journal of Economic Perspectives,* 28(2), pp. 119-42.

Johnson, R. and Noguera, G., 2012a. Accounting for Intermediates: Production Sharing and Trade in Value Added. *Journal of International Economics,* 86(2), pp. 224-36.

Johnson, R. and Noguera, G., 2012b.: Proximity and Production Fragmentation, *American Economic Review*102(3), 407-11.

Kee, H. L. and Tang, H., 2016. Domestic Value Added in Exports: Theory and firm Evidence from China. *American Economic Review,* 106(6), pp. 1402-36.

Kokko, A., Tansini, R. and Zejan, M.C., 1996. Local Technological Capability and Productivity Spillovers from FDI in the Uruguayan Manufacturing Sector. *The Journal of Development Studies,* 32 (4), pp. 602-11.

Kong, X. X., Zhang, M. and Ramu, S.C., 2015. *China's Semiconductor Industry in Global Value Chains*. ERIA Discussion Paper DP-2015-15. Jakarta: Economic Research Institute for ASEAN and East Asia.

Koopman, R., Wang, Z. and Wei, S. J., 2014. Tracing Value-Added and Double Counting in Gross Exports.*American Economic Review,* 104(2), pp. 459-94.

Kowalski, P., Lopez-Gonzalez, J., Ragoussis, A. and Ugarte, C., 2015. *Participation of Developing countries in Global Value Chains: Implications for Trade and Trade-related Policies*. OECD Trade Policy Papers No. 179. Paris: Organisation for Economic Cooperation and Development.

Kummritz, V., 2016. *Do Global Value Chains Cause Industrial Development?*.CTEI Working Paper No 2016-01. Geneva: Graduate Institute of International and Development Studies.

Kummritz, V., Taglioni, D. and Winkler, D., 2016. *Economic Upgrading through Global Value Chain Participation: Which Policies Increase the Value Added Gains?*. Word Bank Policy Research Working Paper 8007. Washington, D.C.: The World Bank.

Lanz, R., and Maurer, A., 2015. Services and Global Value Chains: Servicification of Manufacturing and Services Networks. *Journal of International Commerce, Economics and Policy*, 6(3).

Lanz, R. and Piermartini, R., 2016. *Comparative Advantage in International Supply*

Chains. forthcoming.

Lee, K., 2013. *Schumpeterian Analysis of Economic Catch-up: Knowledge, Path-Creation, and the Middle-Income Trap*. Cambridge: Cambridge University of Press.

Levchenko, A., 2007. Institutional Quality and International Trade. *Review of Economic Studies,* 74(3), pp. 791- 819.

Li Y., Kong, X. X. and Zhang, M., 2015. *Industrial Upgrading in Global Production Networks: The case of the Chinese automotive industry.* ERIA Discussion Paper DP-2015-07. Jakarta: Economic Research Institute for ASEAN and East Asia.

Linden, G., Kraemer K. andDedrick, J., 2009. Who Captures Value in a Global Innovation System? The case of Apple's iPod. *Communications of the ACM,* 52(3), pp. 140-4.

Lopez Gonzalez, J., 2016. *Using Foreign Factors to Enhance Domestic Export Performance: A Focus on Southeast Asia.* Working Party of the Trade Committee, TAD/TC/WP(2015)25/REV1/PART1. Paris: Organisation for Economic Co-operation and Development.

Lu, R, Ruan, M. and Reve, T., 2016. Cluster and Co-located Cluster Effects: An empirical study of six Chinese city regions. *Research Policy,* 45, pp. 1984-95.

Manova, K. 2013. Credit Constraints, Heterogeneous Firms, and International Trade. *The Review of Economic Studies*, 80(2), pp. 711-44.

Manova, K. and Yu, Z., 2016. How Firms Export: Processing vs. ordinary trade with financial frictions. *Journal of International Economics,* 100, pp. 120-37.

Mattoo, A., Mulabdic, A. and Ruta, M., 2017. *Trade Creation and Trade Diversion in Deep Agreements*. Policy Research Working Paper Series 8206. Washington, D.C.: The World Bank.

Mazzoleni, R. and Nelson, R. R., 2007. Public Research Institutions and Economic Catch-Up. *Research Policy*, 36 (10), pp. 1512-28.

Melitz, M. and Redding, S., 2014. Heterogeneous Firms and Trade. In *Handbook of*

International Economics, eds. Gopinath, G., Helpman, E. and Rogoff, K., 4th ed., Vol.4, Amsterdam: Elsevier, pp. 1-54.

Miroudot, S., 2016. *Global Value Chains and Trade in Value-Added: An Initial Assessment of the Impact on Jobs and Productivity*. OECD Trade Policy Papers No. 190. Paris: Organisation for Economic Cooperation and Development.

Mishra, A., 2012. *Moser Baer has all but shut down.* Article published in Forbes India, 1 August 2012.

Nadvi, K. and Thoburn, J., 2004. Vietnam in the Global Garment and Textile Value Chain: Impacts on firms and workers. *Journal of International Development,* 16, pp. 111-23.

Newman, C., Rand, J., Tarp, F. and Trifkovic, N., 2018. The Transmission of Socially Responsible Behaviour through International Trade. *European Economic Review,* 101, pp. 250-67.

Ng, F. and Yeats, A., 2003. *Major trade trends in East Asia: What Are Their Implications for Regional Cooperation and Growth?*.Policy Research Working Paper 3084. Washington DC: World Bank.

Nguyen D.C., Nguyen, D. A., Nguyen, H. T. and Nguyen, N. M., 2015. *Host-site Institutions, Regional Production Linkages and Technological Upgrading: A study of automotive firms in Vietnam*. ERIA Discussion Paper DP-2015-11. Jakarta: Economic Research Institute for ASEAN and East Asia.

Nunn, N., 2007. Relationship-Specificity, Incomplete Contracts, and the Pattern of Trade. *Quarterly Journal of Economics,* 122(2), pp. 569-600.

Nunn, N. and Trefler, D., 2014. Domestic Institutions as a Source of Comparative Advantage. *Handbook of International Economics*, 4, pp. 263- 315.

Peters, G., Minx, J., Weber, C. and Edenhofer, O., 2011. Growth in Emission Transfers via International Trade from 1990 to 2008. *Proceedings of the National Academy of Sciences of the United States of America,* 108 (21), pp. 8903-8.

Pietrobelli, C., 2008. Global Value Chains in the Least Developed Countries of the World: Threats and Opportunities for Local Producers. *International Journal of Technological Learning, Innovation and Development*, 1 (4), pp. 459-81.

Pietrobelli, C. and Rabellotti, R., 2011. Global Value Chains Meet Innovation Systems: Are there learning opportunities for developing countries?. *World Development* 39(7), pp. 1261-69.

Pomfret, R., 2011. *Regionalism in East Asia: Why has it flourished since 2000 and how far will it go?.* Singapore: World Scientific Publishing Company.

Pomfret, R., 2011. *Trade in Asia*. Cheltenham UK: Edward Elgar.

Pomfret, R., 2018. *The Eurasian Landbridge: Linking regional value chains.* VoxEU. Available at: https://voxeu.org/article/eurasian-landbridge-linking-regional-value-chains [Accessed May 17, 2018].

Porter, M. E., 1990. *The Competitive Advantage of Nations.* London: Macmillan.

Rodrik, D., 2004. *Industrial Policy for the Twenty-First Century*. Cambridge, MA: Harvard University.

Schultz, T. W., 1975. The Value of Ability to Deal with Disequilibria. *Journal of Economic Literature,* 13, pp. 827-46.

Sturgeon, T. and Memedovic, O., 2010. *Mapping Global Value Chains: Intermediate Goods Trade and Structural Change in the World Economy*. UNIDO Development Policy, Statistics and Research Branch Working Paper, 5. Vienna: United Nations Industrial Development Organization.

Sturgeon, T. andZylberberg, E., 2016. Vietnam's evolving role in ICT global value chains. In: *Vietnam at a Crossroads: Engaging in the next generation of global value chains,* Washington, D.C.: The World Bank, pp. 135-59.

Sturgeon, T., Nielsen, P., Linden, G., Gereffi, G. and Brown, C., 2013. Direct Measurement of Global Value Chains: Collecting product- and firm-level statistics on value added and business function outsourcing and offshoring. In: *Trade in*

Value Added: Developing new measures of cross-border trade, eds. Aaditya, M., Wang, Z. and Wei, S. J., London: Centre for Economic Policy Research and the World Bank, pp. 289-320.

Tempest, R., 1996. *Barbie and the World Economy*. Los Angeles Times. Available at: http://articles.latimes.com/1996-09-22/news/mn-46610_1_hong-kong [Accessed May 17, 2018].

Thorbecke, W., 2018. Investigating ASEAN's Electronic and Labor-intensive Exports. *Journal of Asian Economics,* 55, pp. 58-70.

Timmer, M., Los, B., Stehrer, R. and de Vries, G., 2013. Fragmentation, Incomes and Jobs: An analysis of European competitiveness. *Economic Policy,* 28(76), pp. 613-661.

Tran, A., 2012. Vietnamese Textile and Garment Industry in the Global Supply Chain: State Strategies and Workers' Responses. *Institutions and Economies,* 4 (3).

Tudor, T., Adam, E. and Bates, M., 2007. Drivers and Limitations for Successful Development and Functioning of EIPs (eco-industrial parks). *Ecological Economics,* 61(2), pp. 199-207.

UNIDO (United Nations Industrial Development Organization), 1997. *Industrial Estates: Principles and Practice.* Vienna.

UNIDO (United Nations Industrial Development Organization), 2015. *Global Value Chains and Development: UNIDO's support towards inclusive and sustainable industrial development.* Vienna.

Wang Z., Wei, S. J., Yu, X. and Zhu, K., 2017a. *Measures of Participation in Global Value Chains and Global Business Cycles*. NBER Working Paper, No. 23222. Cambridge MA: National Bureau of Economic Research.

Wang Z., Wei, S. J., Yu, X. and Zhu, K., 2017b. *Characterizing Global Value Chains: Production Length and Upstreamness*. NBER Working Paper No. 23261. Cambridge, MA: National Bureau of Economic Research.

Weiss, M., 2016. *The Role of Local Content Policies in Manufacturing and Mining in Low- and Middle-Income Countries*. UNIDO Department of Policy, Research and Statistics Working Paper 19/2016. Vienna: United Nations Industrial Development Organization.

World Bank (2017). *World Development Indicators. Database.* Washington, DC: World Bank. Available at: https:// openknowledge.worldbank.org/handle/10986/26447 License: CC BY 3.0 IGO.

Hallward-Driemeier, M. and Nayyar, G., 2018. *Troubleinthe Making: The future ofmanufacturing-leddevelopment.* Washington, DC: World Bank.

Yeats, A., 2001. Just How Big is Global Production Sharing?. In: *Fragmentation: New Production Patterns in the World Economy,* eds. Arndt, S. and Kierzkowski, H., New York: Oxford University Press, pp. 108-43.

Yu, S., Beugelsdijk, S. and de Haan, J., 2015. Trade, Trust and the Rule of Law. *European Journal of Political Economy,* 37, pp. 102-15.

Zeng, D. Z., 2016. *Building a Competitive City Through Innovation and Global Knowledge: The Case of Sino-Singapore Suzhou Industrial Park.* World Bank Policy Research Working Paper 7570. Washington, DC: The World Bank

Zhang M., Kong, X. X. and Ramu, S. C., 2016. The Transformation of the Clothing Industry in China. *Asia Pacific Business Review,* 22(1), pp. 86-109.

背景论文

Aggarwal, Aradhna and Frauke Steglich (2018): *Firm Level Heterogeneities and Participation in GVCs in India.*

Coniglio, Nicola (2018a): *Global Interactions and the Gender Gap in Employment: Firm-level Evidence from Vietnam.*

Coniglio, Nicola (2018b): *Boosting Participation in GVCs: Firm-level Evidence from Vietnam.*

Frederick, Stacey (2018a): *The Apparel Global Value Chain.*

Frederick, Stacey (2018b): *The Electronics Global Value Chain.*

Frederick, Stacey (2018c): *Participation in the Apparel and Electronics Global Value Chains (GVCs): India Country Case.*

Frederick, Stacey (2018d): *Participation in the Apparel and Electronics Global Value Chains (GVCs): Vietnam Country Case.*

Frederick, Stacey, Heiwai Tang and Yinan Qi (2018): *Participation in the Apparel and Electronics Global Value Chains (GVCs): China Country Case.*

Girma, Sourafel (2018): *Global Value Chains Participation and Firm Performance: Microeconometric evidence from China.*

Kummritz, Victor and Rainer Lanz (2018): *Country Determinants of Integration into Regional and Global Value Chains.*

Mavroeidi, Vasiliki (2018a): *Policies for Integration and Upgrading within GVCs: The Case of China in the Electronics Sector.*

Mavroeidi, Vasiliki (2018b): *Policies for Integration and Upgrading within GVCs: Conceptual Framework and Review of Options.*

Meng, Bo and Weiqi Tang (2018): *Tracing China's Greenhouse Gas Emissions in Global Value Chains: Evidence, Challenges and Policy Implications.*

Meyer, Birgit (2018): *Innovation, Upgrading and the Depth of Internationalization in India.*

Stöllinger, Roman (2018): *Asian Experiences with Global and Regional Value Chain Integration and Structural Change.*

Taborda, Jennifer and Alejandro Lavopa (2018): *Inside Factory Asia: Successful Integration into Regional and Global Value Chains.*

Thang, Tran Toan (2018): *Vietnam's Participation in GVC and Corporate Social Responsibilities Firms.*

Tong, Yee Siong and Adnan Seric (2018): *Policies for Strengthening Linkages and Spillovers in Global Value Chains: Lessons from Samsung Mobile Phone Production in Vietnam.*

Tusha, Dea, Jacob Jordaan and Adnan Seric (2018): *Vertical Linkages with Foreign Firms in a GVC Perspective: Evidence from Vietnam.*

Jing Zhao, Zhongxiu Zhao, Xingding Yu and Jun Yang (2018): *Characterizing Global Value Chains in China, India and Vietnam: Participation, Length and Economic Development.*

跋

本报告是对外经济贸易大学和联合国工业发展组织的合作研究项目"中国、东南亚和南亚国家的全球价值链和国际工业产能合作"的研究成果。在山东财经大学校长、对外经济贸易大学原副校长、全球价值链研究院创始院长赵忠秀和联合国工业发展组织政策研究统计司司长 Cecilia Ugaz Estrada 的带领下，双方研究团队以及外部专家经过两年多的紧密合作和深入研究，形成了一系列丰富的研究结论，包括在宏观层面和企业层面对全球价值链参与和升级的分析，对全球价值链发展驱动因素和结果的探讨以及对特定行业和企业的案例研究，希望以亚洲地区融入全球价值链和工业发展的经验教训，为世界各国的政策制定者、企业家和研究人员提供一些启发。

这是对外经济贸易大学和联合国工业发展组织的第一期合作研究项目。项目于 2016 年 3 月正式启动。2016 年 12 月，联合国工业发展组织政策研究统计司的高级研究员 Nobuya Haraguchi 带领研究团队访问对外经济贸易大学，并开展初期的项目成果讨论会。2017 年 7 月，对外经济贸易大学的杨军教授和赵静博士访问联合国工业发展组织，汇报研究成果"中国、印度和越南的全球价值链刻画：参与度、长度和经济发展"，双方就中期的研究进展进行充分的交流和讨论。经过双方的不懈努力，项目的英文研究报告"Global Value Chains and Industrial Development: Lessons from China, South-East and South Asia"于 2018 年 6 月在奥地利维也纳联合国工业发展组织总部成功发布。对外经济贸易大学原副校长、全球价值链研究院创始院长赵忠秀和联合国工业发展组织总干事李勇共同主持了项目报告发布会的开幕式，并发表了主旨演讲。赵忠秀教授在演讲中指出，"发展中国家和新兴经济体尽其所能参与全球价值链并为全球经济增长做出贡献。这份联合研究报告为如何更有效地融入全球价值链提供了政策建议"。对外经济贸易大学研究团队的杨军教授和赵静博士也出席了项目报告的发布会。

对外经济贸易大学在国际贸易领域具有深厚的研究积累。自全球价值链这一国际贸易新现象出现以来，对外经济贸易大学一直关注并进行有关研究。2015年，在中国商务部和对外经济贸易大学的部校合作协议框架下，对外经济贸易大学成立了全球价值链研究院。这是世界上首个立足于经济学和统计学前沿领域的全球价值链专门研究机构，旨在通过国际化、专业化、跨学科的研究，推动全球价值链学科的发展，并为国际贸易谈判、产业升级和企业转型等提供决策建议。

赵忠秀教授任全球价值链研究院的创始院长。在其指导下，全球价值链研究院快速发展，成为学术研究和政策研究的重要国际合作平台，成为全球价值链学科创新引智基地（"111基地"）。目前，全球价值链研究院共有13位全职研究人员、10位兼职研究人员和多位海外专家。另外，全球价值链研究院还和经济合作与发展组织（OECD）、世界银行和世界贸易组织（WTO）等国际组织开展了合作研究项目，并形成了多个研究型旗舰产品。与联合国工业发展组织的合作研究报告，便是其中之一。

对外经济贸易大学与联合国工业发展组织的合作，具有连续性和长期性。2018年9月，联合国工业发展组织政策研究统计司司长Cecilia Ugaz Estrada带领研究团队，访问对外经济贸易大学，与赵忠秀教授、杨军教授和赵静博士等洽谈第二期的合作。同时，双方也正在密切合作，共同完成中国国家发展和改革委员会关于"一带一路"和基础设施建设推进全球价值链发展的研究项目。在第一期的合作中，双方充分发挥了各自的研究经验和学术资源优势，为后续合作打下坚实基础，创造了广阔的合作前景。

第一期合作研究项目的英文研究报告发布后，受到国内外专家的一致好评。合作双方商议，为便于中国读者阅读，将英文研究报告翻译成中文出版，以期加深国内对全球价值链现象的理解。全球价值链研究院的助理研究员赵静负责翻译的有关工作。在此感谢对外经济贸易大学王直教授、戚依南教授、余心玎副研究员、王苒副研究员和刘永杰提供的研究帮助和行政支持。也特别感谢社会科学文献出版社的出版编辑团队，没有他们的辛勤审编和专业精神，这份中文报告无法高质量地出版。

若各位读者在阅读中发现了新问题、新观点或错漏之处，欢迎不吝批评指正和深入探讨，以帮助我们进一步完善有关研究。虽知所尽之力绵薄，仍衷心希望本报告的出版可以对全球价值链领域的理论研究和实践工作有所帮助。

图书在版编目（CIP）数据

全球价值链与工业发展：来自中国、东南亚和南亚的经验 / 对外经济贸易大学，联合国工业发展组织主编；赵静译 . -- 北京：社会科学文献出版社，2019.4
ISBN 978-7-5201-4566-4

Ⅰ.①全… Ⅱ.①对… ②联… ③赵… Ⅲ.①工业发展-研究-世界 Ⅳ.① F414

中国版本图书馆 CIP 数据核字（2019）第 057968 号

全球价值链与工业发展
——来自中国、东南亚和南亚的经验

主　　编 /	对外经济贸易大学
	联合国工业发展组织
译　　者 /	赵　静
出 版 人 /	谢寿光
责任编辑 /	王楠楠
出　　版 /	社会科学文献出版社·经济与管理分社（010）59367226
	地址：北京市北三环中路甲29号院华龙大厦　邮编：100029
	网址：www.ssap.com.cn
发　　行 /	市场营销中心（010）59367081　59367083
印　　装 /	三河市东方印刷有限公司
规　　格 /	开　本：787mm×1092mm　1/16
	印　张：10.5　字　数：155千字
版　　次 /	2019年4月第1版　2019年4月第1次印刷
书　　号 /	ISBN 978-7-5201-4566-4
定　　价 /	79.00元

本书如有印装质量问题，请与读者服务中心（010-59367028）联系

版权所有 翻印必究